「集中力」を一瞬で引き出す心理学

渋谷昌三

JN170984

青春新書
PLAYBOOKS

はじめに

「早く仕事を終わらせたいのに、なぜか集中できない」
「集中しようと思えば思うほど、気が散る」
「もうひとふんばりで終わらせられるのに、やる気も集中力も出ない……」

そんなことが度重なり〝自分はもともと集中力が低いのかもしれない……〟と思っている方もいることでしょう。

じつは、**これまでどんなに「集中できなかった人」でも、ほんの少し意識を変えたり、気の持ちようを変えるだけで、「瞬時に目の前の出来事に集中できる」ようになります。**

本書ではその方法を、最新心理学の理論にのっとって紹介していきます。

高い集中力というと、生まれつきそなわった才能のような印象を受けますが、一部の天才を除けば、潜在的な集中力の度合いは人によってそこまで大きく変わりません。

いつも高い集中力で仕事に向かい、定時に仕事を終わらせて帰る人も、なかなか仕事に集中できずにダラダラと時間ばかりかかってしまう人も、もともともっている集中力はそこまで変わらないことが多いのです。

もちろん、**生まれつき集中力がない人などこの世にはいません。**

なかなか集中できない人は「自分のもっている集中力の引き出し方」を知らないだけなのです。

自分のもっている潜在的な集中力を引き出し、使う経験を重ねることで、いつでも、どんな状況でも「目の前のことに120％集中できる自分」に変わることができます。

潜在的な集中力を引き出す方法として、もっとも有効なのが心理学に基づいた手法です。

心理学と集中力が、なかなか結びつかない人も多いかもしれませんが、集中力は心の働きや状態と深く関わっています。

目の前のことにパッと集中できない人は、ネガティブな思考にとらわれていたり、期限が守れないのではと不安におののいていたり、実績を上げている同僚への嫉妬で動揺していたり……と心の中が乱れ、ぐちゃぐちゃになっていることが多いのです。
しかし、集中力と心の動きに深い関係があることを知らない人が多いために「疲れているから」「もともと集中力がないから」と、集中できない理由をほかに求めてしまうのが現状です。

「集中できない自分」の心の中にある原因をしっかりと認識し、それに対して対策を講じさえすれば、自分でも驚くほど、目の前のことに集中できるようになります。

心理学的なアプローチだの、気の持ちようを変える、意識を変えるなどと聞くと、難しくて、とてもできないと感じられる方もいるかもしれません。
けれど心理学はそもそも、世の中の人たちが日々、経験している心の動きや状態を科学的に解明する学問です。

集中力でいえば、集中できる人が無意識に、もしくは意識的におこなっていること

を科学的に検証、解明し「心理学の定説」として、皆が理解し実践できるかたちで提示します。

ですから、本書を読んでいただくと、「なんとなくそういう気がしてたんだ」と思えたり、「たしかにいつも仕事が早いあいつは、こういう行動をとっているな……」と合点がいったりするでしょう。

心理学では全体の95％以上の人が、同じような行動をとったときに、それが「定説」となります。

つまり、**心理学に基づいた集中法は、１００人いれば95人以上が効果を感じられる〝かなり精度の高いもの〟だといえるのです。**

私自身も連載原稿の期限が迫っているのに、面白い着想が浮かばず、なかなか集中できないことがあります。様々な仕事の山を前にして、うんざりするばかりで集中できないこともあります。

その都度、「集中力を一瞬で引き出すにはどうすればいいのか」心理学者の目線で多種多彩な工夫をくりかえしてきました。本書で紹介したスキルはその集大成といえます。

実践していただければきっと、その日のうちに「あれ、いつもより集中できている！」といったうれしい発見があるはずです。

これを読んでくださった皆さんが、潜在的な集中力を引き出せるようになり、今よりもっと仕事のスピードが上がったり、より質の高い勉強ができるようになったり、ここ一番というときに集中力を爆発させられるようになったら、著者としてこれ以上の喜びはありません。

「集中力」を一瞬で引き出す心理学　目次

第3章 環境を変えるだけで、驚きの効果が！ 集中力を一瞬で引き出す「心の騙し方」

第4章

部下やチームの能力がグッと高まる！まわりの集中力を一瞬で引き出す「心の操り方」

本文デザイン　岡崎理恵
編集協力　横田緑

第1章

今すぐ変われる、たった1つの方法！

集中力のある人は、「心」をコントロールしている

集中力はあらゆる人間にそなわっている

仕事でも、勉強でも、何かに取り組むときに、なかなか集中できない人と、何事に対してもスッとすぐに集中できる人がいます。

この違いは、どこにあるのでしょうか。

「集中できる人は、もともと集中力が高いんだ」と、考えるのは間違いです。

集中力は一種の「才能」のようにとらえられがちですが、じつはそんなことはありません。

もちろん、生まれつき集中力が低い人もいません。

私たちのだれもが、一定の集中力をもっているのです。

なぜなら集中力は、はるか昔から体力や知力などと同様に「人類が生き延びるために必要不可欠な能力」だったからです。今を生きる私たちは「集中力のＤＮＡ」ともいえるような能力を祖先から受け継いでいます。

たとえば太古の時代、動物などの敵がおそってきたとき、われわれの祖先は、驚異的な集中力を発揮して瞬時に状況を分析し、判断し、決断を下して、その決断にしたがって全神経を集中させ、逃げ出すなり、戦うなりしていたことでしょう。

また、狩猟時代には、自分よりも大きな図体の動物たちを全力で追いかけ、手にした弓矢や槍でその獲物たちを正確に射止めることで、食料を得て命をつないでいたはずです。

集中力がない限り、このようなことはとうてい不可能だといえます。

集中力のない個体は、危険回避ができずに猛獣におそわれたり、十分な食料を得られないことが原因で生き延びられず、淘汰《とうた》されたはずです。ということは、**現代まで生き延びている私たちのすべてが、「集中できるＤＮＡ」をもった者たちの子孫だと考えられ、集中力のない人間などいないといえるのです。**

しかし、日常生活では、ここぞというときに集中できなかったり、集中すべきときに気が散ってしまうという事態がよく起きます。

なぜなのでしょうか。

これは、現代の「生活のあり方」に理由があると考えられます。

現代では、多くの人たちの生存を保護する社会システムができています。

もちろん、外敵に遭遇して全速力で逃げ出すような場面もなければ、狩りがうまくいかなかったら何日も食事にありつけないといった切羽詰まった状況もありません。

安全な街で安心して暮らせ、コンビニへ行けば食べものは簡単に手に入ります。

原始時代の人々に比べれば、生活の中で集中力を使う機会は圧倒的に少なく、その必然性も低いといえるでしょう。

その結果として、**祖先から受け継いだ集中力の大半が眠ってしまっていると考えられるのです。**

「心の安全装置」が、集中を阻害していた

原始時代に比べて生命の危機が少ない「安全な社会」で生きていると、潜在的な集中力を引き出さないで済ませたいという気持ちも働きやすくなります。

仕事を集中してやらなくてもすぐに死ぬわけではないし、できれば集中力も眠らせたまま、面倒な仕事などしないで、ラクをしていたい……。

そのような気持ちが生まれたとしても、ふしぎではありません。

なぜなら、**人間には不快な感情やつらい経験を避けて、心を安定した状態に保ちたいという気持ちがつねにあって、無意識のうちに、心の安定を保つためのさまざまな心理作用が発生するからです。これを「防衛機制」と呼びます。**

たとえば、**集中力を要求される仕事や勉強の場面でも、「つらい経験はできたら避**

けたい」という心理が働きます。

そこで、今集中してやらなくてはならないことを、いろいろな理由をつけては先送りするのです。

「自分にはこの仕事は向いていないから本当はやらなくてもいい」「この期限は、はじめから無理だったんだから、守らなくてもいい」などと理由をつけては、今やらない自分を正当化し、自分の心を自分で守るという防衛機制の働きが、潜在的な集中力を引き出すことができない理由の1つだといえます。

防衛機制はそもそも、心のバランスを崩さないための大切な機能なので、それ自体が悪いというわけでは決してありません。

防衛機制は「心の安全装置」ともいわれ、心を守るためには欠かせないものです。

たとえば、人はよく、「自分には能力がない」という思いを抑圧して、意識しないようにします。

これも強いストレスから自分の心を守るための防衛機制なのです。

ただし、**防衛機制がいきすぎてしまえば、潜在的な集中力をめざめさせることはできません。**

集中力をめざめさせなければ、それを磨くこともできず、いつまでたっても集中力を高めることはできないのです。

集中力が高いといわれる人は、潜在的な集中力を引き出すことができる人です。

集中力を引き出す行為を日々くりかえしているうちに、それが「習慣」となり、必要なときにすぐに集中できるようになります。つまり、集中力が身につくのです。

一度、集中力を身につけた人は、それを使う頻度が高くなるため、集中力にどんどん磨きがかかっていきます。反対に、眠っている集中力は引き出されなければ、永久に眠りつづけます。**集中力を高めるには、とにかく眠っている集中力をこまめに外へ引っぱり出して使うしか、道はありません。**

眠っている集中力、つまり、潜在的な集中力を引き出し、使うことができれば、集中力を磨くことができ、今の何倍もの集中力を瞬時に発揮できるようになります。

集中できる人は「心」をコントロールしている

本書では、心理学の理論に基づき「眠っている集中力を一瞬で引き出すためのヒント」をお伝えしていきます。なぜ、集中力を引き出すのに「心理学」が必要なのか、疑問に思われた方もいるかもしれません。

じつは、**集中力を瞬時に、そして根本から引き出すためにもっとも有効な方法が、心理学をもとにした手法なのです。**

仕事に集中できないときに、私たちはその理由を「やる気が出ない」「気が散る」「ほかに気になることがある」と、「気」のついた言葉で説明しようとします。この漠然とした「気」なり、「気分」を心理学的に分析していくと、集中できない状態の背景にある〝心の動き〟が見えてきます。

単純に「疲れているから集中できない」と思っていたときでも、じつは、心の中で不安やおののき、嫉妬、ネガティブ思考が渦巻いていて集中の妨げになっていることが、多々あるのです。

私たちが思っている以上に、「心の状態」は「行動」を大きく左右しています。

悲しいことが起きたときに、目の前の作業が手につかなくなった経験がある方は、多くいらっしゃると思います。反対に、うれしいことがあったとき、仕事にいつもより意欲的に取り組むことができたという方もいるでしょう。これらはすべて、「心の状態が自分の行動を変える」という経験にほかなりません。

心の状態が行動に深く関わるからこそ、一見遠回りに思えますが、まずは心を変えること、つまり考え方や気の持ちようを変えることが重要なのです。

心の奥底にある問題を解決せずに、集中力を高めるための表面的なテクニックだけ学んでも、十分な成果を出すことはできないでしょう。

集中できる人の多くは「心をコントロールし、集中しやすい状態」を無意識につくり出しています。

心理学は、その「集中できる多くの人が無意識でやっている心の持ち方」を科学的に検証、解明し、「心理学の定説」として、多くの人に理解できる明確なかたちで提示します。

集中力でいえば、集中を阻害している心の状態を解明したり、集中できている人はどう考えているかを示したりして、自分自身の心をコントロールして、集中状態になるにはどうすればいいかを示すのです。

自分は集中するのが苦手だと思っていた方も、心理学の定説に基づいたテクニックを知り、実践すれば、眠っている集中力をめざめさせることができ、これまでに経験したことのないような高い集中力を使いこなせるようになるはずです。

集中力を引き出すのに必要な3つのポイント

「集中力は使うことが重要」とお伝えしましたが、集中したいと思ってもなかなか集中力を引き出せない人は少なくないでしょう。

「集中したくてもできない」という現象の裏には、さまざまな心の動きや葛藤《かっとう》、不安や恐怖心といったものが関わってきます。

その話に入る前にここではまず、そもそも「集中できているとき、心の中では何が起きているのか」を見ていきましょう。

「集中できている」とき、私たちの心はほかの目的にはかかわらずに、ただ1つの目的を達成するためだけに、ひたすらその作業に対して向かっています。

ですから、そもそも集中するには、達成すべき目的がなくてはなりません。試験でいい点を取る、クライアントから契約を取るといった達成すべき目的があると、心をそこに向け、集中することができます。

さらに、達成すべき目的はいっときに1つでなければなりません。携帯電話で話しながらでは、車の運転に集中できないのは、達成すべき目的が、携帯電話で話すことと、運転することの2つあるためです。

では、なぜ目的は1つでなければならないのでしょう。

1人の人間がもっている、知性や性格的な粘り強さや、肉体的強靭さなどあらゆる能力を総和してリソース（資源）といいます。そのリソースのすべてを短時間に一気に使う、爆発的な力が集中力です。目的が複数あれば、1つの目的に使えるリソースの量は減り、爆発的な力を発揮できない、つまり、集中できないというわけです。

また、**集中するために心の中になくてはならないのが、「達成動機」です。**

達成動機とは、ある目的を掲げて、それを達成しようとする意欲のこと。いいかえれば、「よーし、やろう!」という強い気持ちのことで、どのようなかたちであれ、達成動機、つまり「やるための動機」がなければ、集中力はわいてきません。

この達成動機という言葉はこれからも何度となく出てきますので、覚えておいてください。

作業が効率よく進む「よい集中」ができているとき、心の中にもう1つあるのが、物事を俯瞰で見られる、冷静かつ客観的な視点、「合理的な物事のとらえ方」です。

たとえば、運転時に前方しか見ていない人は、集中していることにはなりません。それは運転に没頭しているにすぎません。

つねに前後左右に目をやり、スピードや方向にも気を配るなど、安全に目的地に着くという目的にかなった、合理的な方法で車を走らせてはじめて、集中していることになります。

目的意識、動機づけ、そして合理的で冷静な視点が心の中にあるとき、私たちは目の前のことに集中できるのです。

自分を集中へと導く「心と頭の整理術」

集中できているときの心の状況がわかったところで、それらをふまえつつ、ここからは集中できない理由と、その心の内を探っていきましょう。

少しでも早く仕事を終わらせたいのに、頭の中がモヤモヤしていて集中できないという経験はありませんか。

これは、やらなくてはならないこと、やりたいことがいくつもあって、頭の中でそれらが混然一体となって整理されないままの、混乱状態に陥っているせいかもしれません。

たとえば、企画書を書かなければならないけれど、クライアントにも電話をしなくてはならないし、上司に仕事の進捗状況を報告しなければならないし、友だちとは酒を飲みに行きたいし、おまけにネットでニュースをチェックしておきたいし……といった状態が、これにあたります。

ただ1つの目的にのみ心を向けたときに、私たちは集中できるのです。

ですから、自分の中で何を目的として1つに絞り込めばいいのかが、はっきりとわかっていない状態では、集中しようにも集中できないことはいうまでもありません。

このようなときには、**自分は何をやりたいのか、そして今、何をしなければならないのかを整理する必要があります。**

つまり、「心を向ける目的の整理」をおこなうのです。

目的の整理を簡単におこなうには、書き出すのが一番です。

やらなくてはならないこと、やりたいことをお気に入りの付箋紙1枚に1項目を書くようにして、すべて書き出しましょう。

それらを机の上に並べて、全体を眺めてから、1つひとつに優先順位をつけます。

すると、たとえば、上司への報告→クライアントへの電話→企画書作成→友人と飲む→ネットでニュースをチェック、という優先順位がはっきりして、心も、そして頭の中もすっきりと整理されるでしょう。

あとは、これらの1つひとつを順番に集中しておこなえば、やるべきこと、やりたいことのすべてをかなえられるはずです。

ところで、紙（この場合は、付箋紙）に書いた内容は、読みかえすことが肝心です。読みかえすことで、自分で書いたものでありながら、第三者の目で見るという「**パブリックコミットメント」（公的関与）という心理効果が働きます。**

パブリックコミットメントすることにより、「やっぱり仕事をまず片づけるしかない」ということを客観的な事実としてとらえられます。

これによって、目的を達成しようという達成動機も高まり、それに引っぱられて集中力も高まるのです。

目的が2つだけの場合でも、どちらを優先するかを自分の中でしっかりと決めておかなければなりません。

この2者選択の方法については、次の項目で詳しく説明しますが、しっかりと決めておけば、第1の目的の達成動機を第2の目的によって高めることもできます。

たとえば、「企画書を書きあげる」「友人と飲みに行く」の2つの目的のうち、「企画書を書きあげる」を第1の目的に設定したとしたら、第2の「友人と飲みに行く」という目的が励みとなって、第1の目的に、より集中できるのです。

「集中したいのにできない」とき、心の中で何が起きているのか

「集中したいのに、集中できない」とき、私たちはどのような心理状態にあるのか、いったい心の中ではどのようなことが起きているのか——もう少し詳しく見ていきましょう。

集中を妨げる心の動きがわかれば、自分の心をうまくコントロールして手なずけ、集中状態にもっていくこともできます。

集中できないときの心の状態で多いのが、「コンフリクト」です。コンフリクトとは「葛藤」のことで、次の3つのパターンに分かれます。

①A、Bのどちらもやりたい（接近・接近（＋＋）型）
例）仕事もしたいし、デートもしたい。

②A、Bのどちらもやりたくない（回避・回避（－－）型）
例）仕事もしたくないけれど、上司に叱られたくもない。

③Aはしたいけれど、Bはしたくない（接近・回避（＋－）型）
例）仕事はしたいけれど、苦手なあの人に会うのはいや。

このように＋と＋、－と－、＋と－との間で心はゆれ動き、引き裂かれて、どちらにも決められないまま苦しむのが、コンフリクトです。ゆれ動く心を抱えたままでは、仕事を始める気にはなれないし、机に向かっても集中できるはずはありません。

右の3つのどのパターンにしろ、コンフリクト状態のままで、「どうしようかな」「どうしたらいいのだろう」と漠然と思っているだけでは、堂々巡りをするばかりで、集中して行動できません。出口が見つからないのです。

このようなときには、自分の中の「やりたくない」の正体に具体的なかたちを与えることが必要です。そのためには、ここでもやはり**具体的な内容を1枚の付箋紙に1項目ずつ書き出すのが一番です。**

この場合は、仕事をすることで得られる「報酬」と、仕事をしないことで受ける「罰」とを書き出しましょう。

たとえば「報酬」として、仕事をすれば、自分への評価が上がる、契約件数が先月より増えるかもしれない、終わったあと遊びに行ける、残業手当で旅行に行ける……など。

「罰」として、上司に怒鳴られる、左遷されるかもしれない、自己嫌悪に陥る……など。思いつくままに書いていって、そのあと読みかえします。

①の接近‐接近（＋＋）型と、②の回避‐回避（－－）型のコンフリクトに陥ったら、AとBの2種類の報酬あるいは罰を天秤にかけて、どちらの「報酬」がより魅力的か、あるいは、どちらの「罰」がより恐ろしいかで行動の目的を決めます。

「よし、この仕事を優先してやろう」という気持ちになれば達成動機が高まり、集中力が生まれるのです。

また、**仕事をしていても、漠然とした不安があって集中できないこともあるでしょう。**

その多くは③の接近-回避（＋－）型にあてはまります。仕事はしたいけれど、障害（この場合は、不安）が横たわっているために、仕事に近づけないでいる状態です。このような場合も、不安を書き出します。

書き出すことで、不安の「正体」が浮かび上がり、対処することができるわけです。

たとえば、企画書を作成しなければならない、でも、企画の内容をよく理解していないことが不安だったと気づけば、情報を集めることで不安は解消します。

ときには、書き出すだけで「なんだ、たいしたことではなかったな」と思えて、それだけで不安が消えることさえあるでしょう。

集中できる人と集中できない人、違いはここにあった！

「会社の机の前では集中できないのに、なぜ行き帰りの電車の中ではスマホのゲームに集中できるんだろう」と自分でもふしぎに思う瞬間がある方も少なくないでしょう。

じつは、**「楽しむ」という気持ちは、集中力を引き出すのに重要な要素なのです。**

仕事も楽しんでしまえるように自分の気持ちを操作し、仕向けることで、集中力を高めることができます。そんなことができるのか、と疑問に思われるかもしれませんが、現に集中できる人の多くは、集中するための「心の工夫」を無意識のうちにおこなっているのです。

集中できる人は単純な作業の中にも、おもしろさ、楽しさを見つける工夫をしています。

パソコンに何枚もの伝票を打ち込むような単純作業であっても、「昨日よりも速く打とう」と決めたりします。

すると、ゲーム感覚に似たおもしろさを覚え、「退屈だな……」とふてくされて打ち込む人とは、その集中度に大きな差が出ます。

また、**仕事の集中度を上げる感情に「やりがい」というものもあります。**

接客業の代表格であるコンビニの仕事を例にとって考えてみましょう。

たとえば、店員が客の役に立つことにやりがいを感じていれば、客が困っていないか、何か役に立てることはないかと、つねに店内に意識を集中して目を配るでしょう。

これだけでも仕事に対する集中力が上がるのですが、さらに、実際に欲しい品を見つけられないでいる客に気づき、その客に声をかけて売り場を教え、礼を言われたりすると、礼を言われたことに喜びと満足感を見出して、**仕事に対する自己効力感（自分が成し遂げたという感動）が生まれます。**

つまり、仕事で得られる達成感や自己効力感が「報酬」となり、この報酬が達成動機となって、さらに集中が高まるという「よい連鎖反応」が起こるのです。

このように、集中できる人たちは小さなおもしろさや、小さなやりがいを自分で見つけることで効力感をもつことができます。

この効力感がバネになり、達成動機が飛躍的に高まり、集中力が生み出されます。

おもしろさややりがいのベースになるのが、取り組む対象への興味や関心ですが、この興味・関心は、それ自体が集中力を高める強い推進力ともなります。

たとえば、知的好奇心の強い子どもは授業が楽しくてなりません。先生の話をひとことも逃すまいと集中して聞き入り、黒板を食い入るように見つめるでしょう。勉強に価値を見出しているからではなく、ただ楽しい、ただおもしろいから集中できるのです。

このような場合には、**ときには集中力が異様なほどに高まり、「フロー」と呼ばれる状態に入り込むことさえあります。**

恍惚感にも似た感動や喜び、昂揚《こうよう》感、充実感に全身が満たされた状態のことで、高度な集中状態ともいえます。

仕事や勉強の場面で、フローのレベルにまで集中力を高められる人はごく限られているでしょうが、とにかく、高い集中力を引き出したければ、仕事の内容に興味・関心をもつことも大切な要素となります。

そして、興味・関心があまりもてないと感じている人でも、仕事への見方や視点を少し変えることで、その中におもしろさを見出せるかもしれません。

〝心のクセ〟が、集中モードに入ることを妨げる

どのような場面においても、人はそれぞれ固有の、ある共通した感じ方、とらえ方をするものです。それらは、いわばその人の「心のクセ」のようなもので、そのような心のクセの中には、集中を妨げるものも少なくありません。

じつは、**何かにつけ物事を否定的にとらえるネガティブ思考という心のクセは、集中を妨害する最大要因となりえます。**

「コップ半分の水」のたとえがわかりやすいでしょう。

同じコップの水を見て、「こんなにある」と思うポジティブ思考に対して、「これだけしかない」ととらえるのがネガティブ思考です。

何事もネガティブにとらえてしまう人はチェックしなければならない書類の山を前にして、「うわあ、こんなにたくさんある」と否定的にとらえずにはいられません。

そう思った時点で、その量に圧倒されて、「やるぞ！」という達成動機は急速に萎《な》えていくのです。高い集中力を支えているのは、高い達成動機。その達成動機が失われれば当然、仕事に集中しづらくなります。

気を取り戻して仕事を始めても、困難に遭遇するたびに、それが小さなものであっても否定的にとらえて悩み、たびたび集中力を途切れさせることになるのです。

その点、ポジティブ思考の人は、同じ書類の山を前にしても、「この前よりも少ない、よかった」などと肯定的にとらえます。

すると、**余計な負の感情に振り回されることなく、集中モードへと入っていけますし、その集中力を持続することもできるでしょう。**

ネガティブ思考の人との差は、じつに大きいのです。

ネガティブ思考の人が集中力を引き出すには、日頃から「報酬」に目を向ける「訓

練」をすることです。

「掃除をしなくちゃ、面倒だな」「また食事の支度か、いやだな」ではなく、掃除をしたあとの清潔で、気持ちのよい部屋という「報酬」を、自分のつくった料理を家族がおいしそうに食べる笑顔という「報酬」を思い描くのです。

くりかえしおこなっているうちに、そのことが習慣になり、仕事でも、終わらせたあとの解放感や、営業成績の向上といった「報酬」をすぐに思い浮かべられるようになります。その結果、集中モードに入りやすくなるのです。

また、家の片づけでも、庭の草取りでもなんでも、完璧にやらないと気が済まない人がいます。このような**「完璧主義」も、ときに集中の妨げになります。自らハードルを高くし、その高さに自分自身が圧倒されて不安になり、気が重くなるのです。**

頭の中は「やりたくない、どうしよう」という思いに占領されてなかなか仕事が始められませんし、仕事を始めても、「こんなに時間をかけていたら終わらないだろう」という不安がしばしば胸をよぎり、そのたびに集中力が途切れます。

完璧主義自体はすばらしい特質ですから、変える必要はありませんし、また、簡単に変えられるものでもありません。それなら、仕事の仕方を変えればよいのです。

つまり、**1回におこなう仕事の量を減らし、より低い目標を着実に達成して「小さな報酬を得る」という考え方に変えてみます。**

まとめて1回でおこなっていた1つの仕事を、たとえば3分の1ずつに分けておこなってみましょう。

すると、やらなければいけない仕事の量は3分の1になって、「すべて」を今、「完璧」にやらねばならないという不安が取り除かれ、すぐに仕事に取り掛かれます。これなら、心置きなく完璧をめざして集中することもできるでしょう。

ただし、このやり方では時間がかかりますので、早めにスタートすることが肝心だということも覚えておいてください。

集中力と〝深層心理〟の深いつながり

達成動機がない、目的の整理ができていない、コンフリクト状態の中で心がゆれ動いている、ネガティブ思考や完璧主義という「心のクセ」がある……。

これまで、集中できないさまざまな理由をお伝えしてきました。

しかし、**集中できない理由には、このように少し考えれば思いつくような「簡単な」もの以外にも、自分でもほとんど気づいていない理由、あるいは、気づきたくない理由が、深層心理の中に隠れていることも考えられます。**

そして、そういった理由こそが、あなたの集中を阻害している真の原因かもしれないのです。

では、「集中できない深層心理」を知るにはどうすればよいのでしょう。

「20答法」という有名な心理テストがあります。

これは「本当の自分」を知るための深層心理テストで、「私は○○です」と、自分について20項目にわたり思いつくままに書いていきます。このテストを集中できない理由探しに応用するのです。

つまり、主語の「私は」を「私が仕事に集中できないのは」に変え、集中できない理由を「○○です」と思いつくままに20項目書き出します。

私が集中できないのは、「コンサートへ行きたいからです」「面倒くさいからです」「工事の音がうるさいからです」などと、次々に挙げていきます。

おそらく、15項目あたりからは、なかなか思いつかなくなるでしょう。

それでも懸命に考えるのです。苦しいかもしれませんが、それでも答えを探しつづけます。きっと、自分でも気づいていなかった理由、気づきたくなかった理由、他人には言えなかった恥ずかしい理由などが、深層心理の奥底から現れてくるはずです。

じつは、「20答法」のうちの15項目から20項目までの答えは、深層心理が顕在化した理由たちなのです。

それらはたとえば、今の仕事に向いていない、自分には能力が足りない、上司が嫌いでたまらない、会社を辞めたい……といった、一筋縄ではいかない深刻な問題かもしれませんし、だからこそ、深層心理の中にしまいこんできたものなのでしょう。

大変かもしれませんが、より根本的な集中できない理由がわかれば、対処法を考えることもできます。

たとえば、今の仕事に自分は向いていないと感じていることに気づいたら、転属を申し出るという選択肢も考えられます。

苦手な上司のせいで、仕事に身が入らないと気づいたら、上司のよい面を見つけて、少しでも好きになるよう努めるか、その上司のもとを離れる政治的工作をおこなうのも方法でしょう。

会社を辞めたいという自分の気持ちに気づいた人は、経済的にも辞められる状況にないことにすぐに思いいたるかもしれません。

そして、「子どもが大きくなるまではとにかくこの会社で頑張るしかない」と覚悟が決まり、むしろすっきりした気持ちで仕事に向かうことができて、結果的に、仕事の集中力も高まるかもしれません。

また、自分の能力不足に気づいた人は、幸運です。

能力不足という事実を認めたうえで努力を重ねれば、力もついてきて、それによって集中力も高まることでしょう。

このようにして深層心理の中に分け入り、集中できない理由を探すことは、自分自身を知ることにほかなりません。

自分を知ることは、集中力を引き出す第一歩だともいえるのです。

心の使い方を変えれば、「集中できない」を卒業できる

面接試験直前、大勢の前でのスピーチ、締め切り前など、集中が必要な場面に限って、焦りやプレッシャーを感じてしまうことは多々あります。

焦ったときに心の中で渦巻く「どうしよう」という感情。

じつは、この**「どうしよう」もまた、集中を妨害する一大要因なのです。**

「どうしよう」と言いだすのはパニックに陥っているせいで、何をどうすればよいのか、考えているわけではありません。**問題解決の助けにはならないどころか、この言葉を口にするたびにパニックは助長され、ますます集中しづらくなるのがオチです。**

集中したいのに、集中できないときには、冷静な分析と判断が必要です。そこで、おすすめなのが、アメリカの心理学者、ストルツ博士が提唱した**「LEAD法」**。

LEADとは、Listen→Explore→Analyze→Doの頭文字を意味し、これらは問題解決のための段階を示しています。この「LEAD法」を集中力アップ用にアレンジすると、次のようになるでしょう。

Lは「傾聴する」：自分の心の声に耳を傾けます。なぜ集中できないのか。本当は仕事をやりたくないから、という心の声が聞こえるかもしれません。

Eは「探索する」：仕事をやりたくないのはなぜなのかを知るために、心の中を探索。すると、締め切りに間に合わないという不安や焦りが渦巻いていることに気づくかもしれません。

Aは「分析する」：Eの情報を分析して、状況や対処法を考えます。すると、どう計算しても締め切りには間に合いそうにない、上司に半日だけ締め切りを延ばしてくれるように頼みこもうという結論に達するかもしれません。

Dは「実行に移す」：分析の結果を実行。上司と締め切りについて交渉します。

右のL、E、Aの3つの段階をすべて無視し、いきなり4段階目のDoから始めようとするのが「どうしよう」です。

「どうしよう」が出てしまいそうなときに試してほしいのが、「ストップ法」です。**ストップ法とは、「どうしよう」と思ったら、自動的に一定の動作をおこなってパニックに向かう自分の心の流れを阻止する方法です。**

手首にした輪ゴムをパチンとはじいてもいいですし、腕をつねっても構いません。顔をたたく、水を飲むなど、自分がやりやすいものならよいのです。

大切なのは、日頃から、小さな困りごとが起きるたびに、これをおこなうこと。何度もくりかえすうちに、パチンと輪ゴムをはじくことで、体が自動的に「どうしよう」を制止するようになります。これを「条件づけ」といいます。いったん条件づけされると、緊迫した場面でも効果を発揮してくれます。

なお、運転中にイラッとしたり、妻の言葉にカッとしたときなどにも、ストップ法は活用できます。感情の暴走を防ぎ、冷静沈着に対処するための、すぐれた方法といえるでしょう。

集中力を引き出すことは、自分を知ることにつながる

ここまで、集中しているときの心の動き、集中できない理由やその対処法をお伝えしてきました。その中でも何度か出てきたのですが、**集中力を効果的に引き出すには、「自分を知ること」が欠かせません。**

たとえば、感覚が鋭い人は、職場の話し声や雑音、においなどが人一倍気になって集中力が途切れやすいでしょうし、神経が敏感な人は、上司などにそばで仕事を見られていると、ナーバスになって集中できなくなるかもしれません。

自分はどんな状況だと集中できるのか、どんな環境だと集中できないのか、自分の集中力を妨げるものは何なのか……。こういった自分のことがわかれば、第2章以降

でご紹介する心理学的な手法によって、集中を阻害する妨害物をうまく遮断して、集中できる環境を自分なりに整えることができます。

また、集中力を引き出せるかどうかは、その人の価値観や生き方にも大きく関わっています。

価値観とは、人生において何に価値を認めるかという考え方であり、価値観はその人の生き方の根幹をなすものです。

人は、自分が価値を認めていることに対しては、モチベーションが高まり、集中力を発揮できます。反対に、価値が見出せないものに対しては、モチベーションは高まることはなく、やる気も起こらなくなってしまいます。

たとえば、勉強に価値を見出せなくて、なぜ勉強などしなければいけないのかわからないという子どもは、親にいくら「勉強しろ」と言われても、やる気になれません。

そのような状態では机に向かっていても勉強に集中できるはずがありません。

反対に、勉強することが将来の自分の人生に役立つと思えれば、勉強することに価値を認められ、勉強に集中することができるでしょう。

もし、仕事で高い集中力を発揮したいのなら、自分の中で仕事をどのように位置づけているのかを一度、自分の心に聞いてみること、そして、仕事が自分にとってとても大事なのだということを再認識することが必要でしょう。

自分の心に聞いてみて、趣味や家庭に、仕事よりも高い価値を見出しているとわかったとしても、たとえば、仕事が自分の大切な趣味や家庭を支えるために不可欠で、大事なものだと再認識できれば、仕事へのモチベーションが高まり、集中力をもって仕事にまい進することもできるはずです。

集中力を引き出すためには、自分の価値観を知ることも重要なのです。

次の第2章以降では、より具体的なスキルを数多くご紹介していきますので、期待していてください。

第2章

やる気も効率もグンと上がる!

集中力を一瞬で引き出す「心の使い方」

「ポジティブ・イリュージョン」で、集中スイッチを入れる！

第1章で、集中力がないと感じるのは、集中力を引き出す方法を知らないからで、一見、集中力と深い関係がなさそうな「心」にアプローチすることが、眠っている集中力を引き出すことにつながるというお話をしました。

第2章、そしてこのあとの第3章では、眠っている集中力を引き出すために、どうやって自分の心をコントロールすればよいのか、その具体的なコツやテクニックをたっぷり紹介していきます。

まずお伝えしたいのが、**「ポジティブ思考」を有効活用して、集中力を高める方法です。**

仕事がよほど好きな人は別として、ほとんどの人たちにとって仕事は、できることならしないで済ませたいものの1つでしょう。時間のかかる面倒な仕事や、苦手な作業であればなおさらです。

このように仕事に対して〝嫌悪感〟〝不安感〟があると、席に着いてもやるべき仕事にすぐに取り掛かれず、今やらなくてもいいようなこと、たとえば机の上を隅から隅まできれいに片づけたり、緊急ではないメールに返事をしたりしてしまうことがあります。

これは、仕事をしなければならないという現実から逃げる、「現実逃避」といわれる心の動きがなせる行動です。思い当たる方も多いのではないでしょうか。

現実逃避を試みるほど仕事を始めるのがいやでたまらないときでも、いったん仕事を始めてその作業に集中すると、ボーッとしているときには経験できない充実感や、快感、楽しさすら覚えたりします。

つまり、「したくない」という気持ちを断ち切って、集中のスイッチを入れさえすれば、あとは案外スムーズに進むものなのです。

では、どうすれば集中のスイッチは入るのでしょうか。

それは、何よりも**目の前の仕事を明るく、前向きにとらえること。**

第1章でもふれたポジティブ思考を使うのが一番です。**ポジティブ思考は、やる気が起きない今の自分の状況を変えさせ、行動に移させるパワーを秘めています。**

仕事の山を前にして、「大変だなあ」「時間がかかるんだろうな」「失敗するかもな……」と思えば、その瞬間に億劫《おっくう》になります。

このようなネガティブ思考は一度頭から追い出し、仕事が終わったあとの楽しいことをイメージしましょう。

この仕事さえ終われば、早く家に帰れる、見たかった映画が見られる、友だちに会える、ジムで汗を流せる……。

自分のしたいこと、楽しいことを思い描くのです。

この「楽しいこと」は、実際に起こるかどうかわからないことでも構いません。

「この仕事がうまくいったら、上司がおれの能力を認めて、昇級させるしかなくなるだろう。この調子でいけば、将来おれは社長になるかもしれないな」など、**想像や空想や妄想でもよいので、仕事を終わらせたあとにくる楽しいことを目の前に浮かべるのです。**

これをポジティブ・イリュージョンと呼びます。

「仕事のあとに楽しいことがある」と考えれば「やってしまおう」という気持ちがわいてくるはずです。

そして、その「よし、やるぞ！」という意気込みが達成動機を高め、心の中の集中スイッチが入るというわけです。

また、**仕事を終わらせる原動力をアップさせるために、プライベートな予定を入れて集中力を高めるのも1つの方法です。**

友人と久々に会う、映画や舞台のチケットを取るなどといった楽しい約束を仕事のあとに入れてしまいましょう。

「あいつに会える！」「楽しみにしていた映画に行ける！」という期待が励みとなって、仕事により集中できるはずです。

さらに、会う時間や開演時間が決まっていることで、間に合うように仕事を終わらせなければならず、その切羽詰まった状況が、いっそう集中力を高めます。

驚くべきことに、ポジティブ思考の人はネガティブ思考の人よりも免疫力が高く、自律神経も安定していて、長生きする傾向にあることもわかってきています。ポジティブ思考には、その人の寿命を延ばす可能性まであるのです。

普段からポジティブ思考を意識するのが難しい人でも、ぜひ、仕事や勉強などに関しては、できるだけ明るく楽しい面を見るようにしてください。

集中できるようになるのはもちろん、それをくりかえしていくことで、日常生活でも少しずつポジティブに考えられるシーンが増えるかもしれません。

「〜しなくては」を「〜してしまおう」に変えて、自分を動かす

集中のスイッチを入れるのが、ポジティブ思考だとしたら、反対に、**集中の強力なブレーキとなるのが、ネガティブ思考です。**

失敗するかもしれない、期限に間に合わないかもしれない、といった否定的な考えは、いたずらに不安をかきたて、心を仕事に集中できない状態に追い込みます。

ですから、そういったネガティブなことはいっさい考えない、発想すらもたないことです。

ネガティブな考えが浮かびそうになったら、第1章でご紹介したストップ法（50ページ参照）で、輪ゴムをパチンとはじくなり、腕をつねるなりして、ネガティブな考えにストップをかけましょう。

失敗するかもしれない、期限に間に合わないかもしれないというのが、ネガティブ思考であることはすぐにわかるでしょうが、気をつけなければならないのは、「期限までに、しっかりやらなくては」「集中して、頑張らなきゃ」などという考え方です。

これらは、ともすれば前向きに思いがちな表現ですが、じつはネガティブな感情を引き起こす言葉となります。

なぜなら、これらの**「～しなくては」「～しなきゃ」という言葉には「～せねばならない」という、英語の must に当たる意味が含まれているからです。**

つまり、義務感をともなっています。

義務感はすべて、人の気持ちを重くして、集中力ややる気をそいでしまうのです。

「やらなくちゃならない」「頑張らなくちゃならない」と考えないで、「ちょっとだけ、試しにやってみよう」という軽いノリで仕事に取り掛かりましょう。

仕事に手をつけてみると案外簡単だったり、楽しさやおもしろさを発見できます。

そうして集中モードに入ることができれば、自然に仕事を「やること」も、「頑張ること」もできます。

わざわざ義務感をともなった、気を重くする表現で、自分を鼓舞する必要はありません。

同様に、**「一生懸命やろう！」という考えも集中の足を引っぱる禁句の1つでしょう。「一生懸命やろう」と考えること自体が、気を重くさせます。**

集中できれば、自然に一生懸命になれるので、仕事や勉強に取り掛かる前に、わざわざ自分にプレッシャーをかける必要はないのです。

ものの考え方やとらえ方のことを心理学では「認知」といいます。この認知の仕方を変えるために、たとえば、うつ状態の患者さんなどにおこなう治療法が「認知行動療法」です。

ポジティブ思考によって集中力のスイッチを入れ、また、集中力のブレーキとなるネガティブ思考を避けようとするのは、じつは、この認知行動療法の考え方とも関係があります。

認知行動療法では、言葉や表現も重要視します。自分が発した言葉によって脳が「その気になる」ので、それまでの認知の仕方が変わってくる可能性があるのです。

ですから、集中力を高めるには、「仕事をしなくては」と考えるのではなく、「仕事をしてしまおう」と考えるのが重要なのです。

「しなくては」「しなくちゃ」は、義務感をともなったネガティブな思考を生み、気を重くして集中力にブレーキをかけますが、「してしまおう」「しちゃおう」には義務感はゼロ。ネガティブな思考にはつながらず、気持ちも軽やかなため、集中力のスイッチが入りやすくなります。

人間の気持ちは、言い方ひとつでその方向を変えられるものなのです。

2つの動機づくりが、やる気を後押しする

仕事や勉強など、目の前のことに集中するためには、自分を集中状態に導く〝具体的な〟原動力やモチベーション、つまり、達成動機が欠かせません。達成動機は、人を物事へと駆りたてる集中力を生み出し、高めるエンジンとなります。

達成動機を高めるには、具体的な目標が必要です。

自分ではやる気があると思っているのに、いざ机の前に座ると気が散ってしまい、仕事や勉強に集中できないことがありますが、これは漠然とした「やる気」だけもっていて、目の前のことに集中するための具体的な達成目標がないので、達成動機が高まらないのです。

達成目標を明確に設定することで、目の前のことに集中すべき理由がはっきりし、

より高い集中力を引き出すことができます。目標がはっきりすることで、「やってしまおう！」という気持ちもわいてくるでしょう。

達成動機があれば、ある明確な目標を高い水準で達成しようと行動できますが、その行動を起こさせ、持続させる働きをするのが**動機づけ**です。

動機づけには「外発的動機づけ」と「内発的動機づけ」との2種類があります。

外発的動機づけは評価や賞罰、強制といった、社会的な要因によって「よし、やろう！」という気持ちを引き出します。いっぽうの内発的動機づけは興味・関心、満足感、達成感、使命感といった、個人的な心の内からわき起こる要因によって、ごく自然にやる気を引き出します。

この**2つがともにそろい、かつ、両者がバランスよく機能したとき、物事への集中力は一気に高まります。**

外発的動機づけとして、もっともわかりやすいのがお金でしょう。だからこそ、営業職の人は、給料が歩合制だったりするのです。契約を多く取れば取るほど、収入がアップするのですから、集中力を引き出す強力な外発的動機づけとなるはずです。

また、上司からほめられたり、周囲から一目置かれたりといったことも、多くの人たちには外発的動機づけとなり、やる気を起こさせます。

ただし、外発的動機づけの効果は、たいてい一時的なもので、時間とともに、お金であれ上司からのほめ言葉であれ、慣れてきて、ありがたみが薄れる傾向にあります。

そのようなときには、仕事が終わったあとの楽しいことを、たとえ妄想でもいいから思い浮かべるなどして、アフター5でのプライベートな世界で外発的動機づけを設定するのが効果的です。あるいは、次に述べる内発的動機づけを強化して、外発的動機づけの不足を補うこともできるでしょう。

お金にもならない趣味に集中できるのは、そのことに強い興味・関心があり、深い満足感や充実感を覚え、それらが内発的動機づけとなっているからです。

仕事や勉強の場面でもそれは同じでしょう。興味・関心がもてて、充実感や満足感が得られる仕事ならば給料が多少安くても、また、お金や上司の評価といった外発的動機づけの効果が薄れてきたとしても、「やりたい気持ち」は持続し、集中力は続きます。勉強であっても興味があれば、夜遅くまで机に向かうことができるはずです。

また、仕事や勉強を極めることで、人間的に成長したいとか、社会になんらかのかたちで役に立ちたいといった思いも、内発的動機づけとなるのです。

今、取り組まなければならないことには、内発的動機づけになるようなものはないと思っている方もいるでしょう。しかし、もののとらえ方や視点を変えることで、自分のやっていることに喜びや満足感や意義を見出せるかもしれません。

仕事に限定して話をすれば、単純作業であっても、効率アップのためにいろいろ工夫することで興味や関心もわいてくるでしょう。営業の仕事ではさまざまな人と会うのですから、人間心理を知る絶好の場といえます。

やる気が起きない仕事や勉強を前にしたとき、また、なぜか集中できないときには、「動機づけ」のために、達成目標を再確認して達成動機を高めたらどうでしょうか。たとえば、達成目標をメモ用紙に書いたり、パソコンに入力したりすれば、やるべきことがはっきりするので動機づけを高める効果が期待できます。

「集中すると心地よい経験が得られる」と、自分に錯覚させる

人間はうれしい、楽しい、心地よいといった「快」の体験を好み、それを得たいと欲します。**この快体験を求める人間の心理と、心理学の「連合の原理」を組み合わせることで、集中力を引き出すことができます。**

「連合の原理」とは、無関係な2つのものを無意識のうちに結びつける心理作用のことをいいます。

たとえば、モーターショーでは新車のそばにかならず美しい女性が立っています。その女性の美しさと、車の性能のよさやカッコよさ、信頼性は全く無関係なのに、客たちは無意識のうちに、そばにある車を女性と結びつけて、カッコよくて、信頼できる、性能のよい車だと感じてしまうのです。

この連合の原理は、職場や学校で「快」の体験をしたときにも働きます。仕事をしているとき、客からあることで感謝されたとしましょう。このとき、「うれしい」という快体験が得られます。

すると、連合の原理で仕事と快体験とが結びつくのです。そして、この快体験をまた得たいと思うようになります。このことが動機づけとなって、仕事への集中力や意欲が高まるのです。

たとえば、火災保険に加入した顧客から、台風で壊れた瓦の修繕費が保険でまかなえたと、感謝のメールが届いたとします。

自分のおこなった仕事が他人《ひと》の役に立った……。そのメールを受け取った営業マンは、その日1日うれしくてたまらないでしょう。そして、自分の仕事が意義深いものに思え、仕事にも自分にも誇りをもつことができるはずです。

この「うれしさや誇りを感じた経験」が快体験となり、仕事をすると、心地よい体験が得られるという考えが、潜在意識で発生します。この潜在意識の働きによって「仕事をしたい」という気持ちが自然にわいてくるので、集中力を保ちながら、仕事にあ

たることができるようになるのです。

「快」をもたらすものは、いろいろあります。

楽しい会話や趣味の時間、そして、食欲や性欲もこれにあたるのです。けれど、仕事への集中力を引き出してくれる「快」といえば、「感謝されることの喜び」が一番強力かもしれません。それは仕事のやりがいに直結する感情なのですから。

ですから、**もし取引先のクライアントや店の客から「ありがとう」の言葉をかけられたら、それを快体験として心にしっかりと刻み込んでおくのです。**すると、その快体験をまた得たくて、一生懸命、誠実に仕事に打ち込むことができるはずです。

もちろん、だれかに直接「ありがとう」と言われることがない仕事をしている人も、これまでに「ありがとう」と言われたことがない人もいるでしょう。その場合は、空想するだけでも構いません。

「あのお客さんは、私が選んでさしあげた洋服をそのまま着て帰られた。レジでにっこりされたから、きっと私に感謝されたんだ」などと自分で自分を説得して、自分をその気にさせるのです。

こうすることで、自分の仕事がいろいろな人たちの役に立っていると思え、仕事に意義のようなものを感じられ、楽しくなるはず。すると、仕事への意欲が自然にわいてきて、集中して仕事にあたれます。

自分で進んでおこなう勉強などでは、「他人からの感謝」で快の気持ちを覚えることはできません。

その場合は、**「勉強をするときは、自分の一番好きな紅茶を飲む」「休憩時間は、好きなお菓子を食べる」など、自分の好きなものを勉強の時間の中にうまく組み込みましょう。**

好きなものが快体験となり、勉強をすると心地よい経験ができるという錯覚を生み出すことができます。

即効で集中を高める呼吸法、集中を妨げる呼吸法

営業成績が上がらないことに焦りや不安を感じていたり、同僚のひとことに腹を立てていたり、試験の結果がかんばしくなかったり……。不安や焦り、怒りといったネガティブな感情は、心を動揺させて、集中に入ろうとする気持ちをことごとく妨害します。

そんなときに、**動揺を鎮めて、集中に向かわせる、即効性のある方法が「呼吸法」です。**

「ひと呼吸おく」という言葉もあります。呼吸をして間をあけ、冷静さを取り戻そうということです。昔の人も、呼吸を整えることで、波立つ心を鎮められると知っていたのでしょう。そして、現代の認知行動療法でも、呼吸法はリラクゼーションのための有効なテクニックとして取り入れられています。

不安や焦り、怒りを感じると呼吸が浅くなりますが、それらの感情が解消されれば、呼吸も正常に戻ります。逆に、浅い呼吸を正常な状態に整えることで、不安や焦り、怒りなどの感情を解消し、心を冷静な状態に戻すこともできるのです。

実際に、深く、ゆったりとした呼吸をくりかえしているうちに、リラックス時に発生するα《アルファ》波が現れることが証明されています。

そこで、不安や緊張などで仕事に集中できないときには、とりあえず深呼吸をおこなうことです。感情の高ぶりを鎮めることで、冷静な気持ちで仕事にあたれ、その結果、集中力も高まっていくでしょう。

その場で大きく深呼吸をするだけでも、気分が落ち着いてきますが、もしできるのであれば、腹式呼吸がおすすめです。腹式呼吸には、不安や緊張で高まっていた交感神経の働きを低下させて、かわりに副交感神経を優位に働かせる作用があります。

腹式呼吸は胸ではなく、おなかをふくらませたり、へこませたりする動きを使っておこなう呼吸法です。

スムーズにできる方法を記載しますので、ぜひ試してみてください。

①ラクな姿勢で座る。
②片手をおなかの上に置き、もう片方の手を胸の上に置く。
③おなかをふくらませながら、鼻からゆっくりと息を吸い込んでいく。おなかの上の手が下からもち上がるのを感じながら、おこなうこと。胸は動かさない。
④おなかをひっこめながら、すぼめた口からゆっくりと息を吐き出す。最後のひと息まで残すことなく、しっかりと吐き出すこと。
⑤以上①～④を3～10回、気持ちが落ち着いてくるのを感じられるまで、くりかえす。

反対に、気分がだらけているせいで仕事に集中できない場合にも、呼吸を利用できます。このときは、「よしっ！」と大きめに声を出してみるのです。息を勢いよく吐き出すことで、だらけた気分に気合いを入れて、「さあ、いくぞ！」という昂揚感をもたらすことができます。

気が散らない自分に変わる「小分け作業法」

集中力を引き出すには、目の前にチェックしなければならない書類が山のように積まれているときであっても、「この前よりも少なくてよかった」と、ポジティブにとらえることが重要です。

また、**ポジティブ思考とともに集中力を高める効果があるのが、「達成感」**。

心の中の達成感をうまくくすぐるテクニックを駆使することで、よりいっそう集中して物事に取り組むことができます。

そのテクニックとは、**達成すべき物事を小刻みに分けてしまい、その小刻みに分けた物事を終えることを、とりあえずの「達成目標」として仕事に取り掛かり、設定した小さな達成目標を1つずつ片づけていくというものです。**

第1章の「完璧主義のため、なかなか集中できない人に向けた仕事術」のところでもふれましたが、より具体的に説明していきましょう。

たとえば、目の前に20センチほどの書類の山があるとします。

その20センチの書類の山すべてを終わらせなければならないと思うと、さすがにうんざりしてくるでしょう。そこで、これをたとえば、4センチずつに5つの「小山」に分けるのです。達成すべき1つの目標は、わずか4センチ。「これだけなら、簡単にできそうだ」という気になるはずです。

「仕事量は少ない」と自分自身を錯覚させ、仕事に取り掛かることもできます。

あとは、達成目標を1つひとつクリアしていけば、かならず「頂上」にたどり着くことができるのです。

「高い山」をいっぺんに登ろうとすると、始める前に心が折れそうになりますが、「小さな山」単位で考えて取り組めば、軽い気持ちで仕事にあたれます。

また、1つめの達成目標さえクリアできれば、どんどんやる気が出てくるのも、こ

の方法のすぐれた点です。書類を片づけるたびに、やらなければならない書類の山はどんどん低くなります。書類の山が小さくなるにつれて、「あと少しやればいいんだな」と喜びは増し、いっぽう、終わった書類の山はどんどん高くなっていくので、それを目にするたびに達成感が味わえます。

高低2つの山がダブルでやる気を後押ししてくれるのです。

この方法をより効果的にするのが、「報酬」です。

1つの達成目標を終わらせるたびに、自分自身にご褒美を与えてみてください。5分間ボーッとする、外へ出て散歩する、コーヒーを飲む、友人や恋人にメールするなど、なんでも好きなことで構いません。「ここまで終わらせたら、楽しいことが待っている」と思えば、そのことが達成目標を成し遂げるためのやる気を押し上げ、集中力を高めることになるのです。

達成目標を小刻みに設定するこの方法は、いやな仕事をしなければならない場合にも使うことができます。

いやな仕事は先に一気に片づけてしまうという方法もありますが、これだと気が重くて、なかなか始められないという人のほうが多いのではないでしょうか。

家事を例にとってみましょう。たとえば、億劫な家の中の掃除などでも、小さな達成目標を立てて、1つずつ終わらせてしまうのです。

今日はキッチンの油汚れを落とすだけ、明日はトイレの掃除だけ、あさっては玄関の床を掃くだけ……というふうに少しずつやっていきます。短時間で済ませられるので、面倒ではなく、自分自身の達成感も高まります。

チマチマやっているうちに、気がついたら、部屋中がぴかぴかになっているでしょう。部屋がきれいだと気持ちがいいものです。この気持ちのよさという「報酬」が記憶に残り、それを求めてまた毎日、少しずつ掃除をすることもできるようになります。

タイムリミットは、正確に決めてはいけない！

集中しようと頭では思っているのに、なかなか集中できない……。

そんな自分を集中へと引き込む手っ取り早い方法があります。

それは、時間制限をもうけることです。

「今日中にこれを仕上げよう」とか、「半日でここまでやろう」と時間を切ると、そのことが達成動機となって、やる気が生まれ、集中力も上がります。

たとえば、先ほどご紹介した「やるべき物事を小分けにして、達成目標を小刻みに設定し、1つずつ片づけていく方法」でも、それぞれの達成目標に対し、○時までに仕上げるというふうに時間を決めます。すると、その時間内に間に合わせようという気持ちも加わって、より集中して仕事に向かえるのです。時間を決めないと、山が低いのをいいことに、つい気がゆるんでしまい、集中が続かない可能性もあります。

時間制限をもうけるときのポイントは、1日か半日ほどの単位で、大雑把に決めることです。あまりこまかく決めると、自分の行動をしばりすぎることになり、この窮屈さがプレッシャーとなって集中を阻害しかねません。

さらに、時間制限に余裕をもたせることも大切です。たとえば、「この量なら午前中の3時間ほどで終わらせられるな」と思った場合には、1時間ほどプラスして4時間にしておきます。

時間設定があまりに厳しいと、「間に合わせなければならない」という「ねばならない思考」が頭をもたげてきますし、追い込まれて気が重くなるでしょう。

自分で設定した時間制限で自分自身を苦しめることになるのです。

大雑把で余裕のある時間制限は、自分を追いつめない範囲で、ほどよい緊張感をもたらし、これが高い集中力とやる気につながります。

大雑把で、余裕のある時間制限とは逆の、少々カゲキな方法も1つご紹介しておきましょう。

それは、ゲーム感覚を取り入れて、短時間で勝負する方法です。あえて「勝負」という言葉を使いましたが、勝負の相手は時計の針（または表示された数字）です。

時計を目の前に置いておき、「ヨーイ、ドン！」で物事に取り掛かります。わかりやすいように、取り組むべき物事が書類のチェックだとしましょう。1時間後に、チェックできた書類の枚数を数えて記録し、5分ほど休憩します。「時速何枚」という感覚で、1時間やっては5分休む、をくりかえすのです。

この間ずっと、時計の針か、表示された数字との「競争」になります。

競争の感覚がモチベーションを上げ、集中力を押し上げるのです。

ただし、おこなう物事の内容にもよりますが、これを続けるのは3時間が限度でしょう。身も心も疲れ果ててしまい、それ以上は仕事ができなくなります。

このカゲキな方法は、毎日やるようなものではなく、長時間仕事をする必要のない休日出勤のときなどに、ゲーム感覚でおこなう程度にとどめるのが、賢いやり方といえるでしょう。

「パブリックコミットメント」を活用して、気持ちを1点に向かわせる

集中のスイッチをオンにするためには、具体的な行動という「かたち」から入ることも大切です。

人は、自分のことをわかっているつもりでいますが、実際には、今の自分の気持ちも正確には把握できていません。

そのため、このよくわからない、曖昧模糊《あいまいもこ》とした気持ちをある特定の方向へ向けるには、かたちから入る必要もあるのです。

かたちとは目に見える「具体的な行動や言葉」のことを指します。

たとえば、禅宗では無我の境地に入るために座禅を組みますが、それは座禅を組むという具体的な行動、つまり、かたちから入ったほうが、気持ちを1点に集中させて、

無我の境地へ向かわせやすいからだと考えられます。

また、子どもはウソ泣きをしているうちに、本当に悲しくなって涙をポロポロ流したりします。手の甲で目をこすり、「エーン、エーン」と泣き声を出すという具体的な行動が、悲しい気持ちを呼び起こしてしまうのです。

「悲しいから泣くのか、泣くから悲しいのか」は心理学の世界でも長年議論の的となっていますが、これなどは、「泣くから悲しい」の説を裏づける格好の例でしょう。

このように、人は具体的な行動を起こすことで、気持ちを動かすことができます。これは、集中力を引き出したいというときにも、もちろん有効です。

「集中して物事に取り組む前に、自分に向かって声かけをする」というのは、非常に効果的だといえます。

大きな声でなくても構いません。「よし、やろう！」と自分に向かってひと声かけるだけでよいのです。

声に出して言うことによって、第1章の30ページでふれたパブリックコミットメントが生じ、「やろう」という意志が自分の中で明確なかたちをとって現れます。そして、それが自らの気持ちを動かし、集中のスイッチを入りやすくするのです。

ただし、「頑張らなきゃ」は禁物です。あくまで、ポジティブな言葉で自分を奮い立たせましょう。


机に向かうだけでは、気持ちを仕事モード、勉強モードへと向かわせることは難しいことは多々あります。まだ仕事への切り替えができていない状態で、なんとなくズルズルと仕事を始めても、集中しづらく、集中も途切れやすくなります。

そんなときに役立つのが、**具体的な言葉で、オンとオフとの「けじめ」をつけることなのです。**口に出して自分を奮い立たせることで、一気に集中モードに入って、集中力を引き出すことができます。

効率よく、質の高い仕事をする人の「仕事の始め方」とは

1日集中して仕事に取り組むには、朝、会社に着いたら、難しい仕事と簡単な仕事のどちらから始めるほうがよいのでしょうか。

おそらく多くの人が、パソコンを開いてメールをチェックするなど、頭も、気もあまり使わないで済むような作業から取り掛かっているのだと思います。

そして私のおすすめも、比較的単純で、簡単で、ラクな仕事から始めることです。

会社に着いてしばらくは、心も体もまだ仕事モードに切り替わってはいません。集中力もやる気もスリープ状態にあるのです。このような状態のときに、いきなり複雑で、難しくて、骨の折れる仕事が目の前に現れたら、「大変だ、いやだ、やりたくない」となるのがふつうでしょう。

「大変なことをしなくちゃならないなら、仕事モードに切り替えたくない」と、頭が拒否反応を起こし、席に着くのもいやになってしまう可能性もあります。

満員電車にゆられ、人混みの中を会社まで歩いてきた人もいるでしょう。会社まで1時間の道のりを、車を運転してやってきた人もいるかもしれません。

まだ仕事をする態勢には、心も体も入っていないようなときは、とりあえず、そのような自分をなだめすかして、席に着かせること、椅子に座らせること、机に向かわせることが重要です。

このとき、単純で簡単で、ラクな仕事なら、自分自身を椅子へと比較的たやすく誘い込めるでしょう。

フランス料理でも、最初に出されるのは食前酒であり、前菜です。そして、徐々にヘビーなメニューへと移っていき、メインディッシュでハイライトを迎えるわけで、仕事もこれと同じです。

メールのチェックは会社員にとって、最初にする仕事の定番かもしれません。

このときも、差出人の名前を見て、何かと文句の多い、気難しい人間からのものはあとまわしにして、理不尽なことは言わない、気心の知れた人のメールから開くのもいいかもしれません。また、定型文が使える返事を先にするのも方法でしょう。

ラクな仕事から始めて弾みをつけておいて、難しい仕事へと移行していくと、仕事モードへとすんなり入っていけて、メインの仕事をする頃には、集中力のエンジンもしっかりかかっているはずです。

簡単な仕事から始めたほうが効率もいいことを示しているのが、「学習曲線」です。**学習曲線を見ると、作業をスタートしてから時間が経つにつれて、作業効率は上がりつづけることがわかります。**そして一定の時間になると作業効率は、ピークに達します。それ以降は疲労のために徐々に下降し、**終わりが見えてきた頃に、「もうひと頑張りしよう！」という力がわいてくるのか、作業効率がアップするのです。**

作業効率を考えた場合でも、仕事に取り掛かるときには、まず、簡単な仕事から手をつけるのがよいことになります。

段取りメモが、集中力とやる気を一気に高める

集中を途切れさせる意外な原因となるのが、「段取りの悪さ」です。

仕事に取り掛かり、集中して企画書を書きはじめてのってきたところで、取引先から「午前中までに欲しかった資料、まだ届いていないんだけど……」などと電話があれば、とたんに、企画書に向いていた集中は消えうせますし、さらに、全く別の作業に取り掛からないといけなくなります。

取引先へ提出する資料づくりをしたあとで、もう一度、頭を企画書仕様に切り替えて、集中モードに入らなければならないのです。

仕事を把握し、きちんと資料を提出してから企画書を書きはじめていれば、集中力を途切れさせることもなかったわけで、これは時間と労力のムダ以外の何ものでもあ

りません。

このようなムダを省くには、単純に目の前の仕事に集中するだけでなく、仕事全体の段取りをきちんとつけておくことが大切なのです。

段取りは物事をスムーズに進めるための基本ですが、これは集中力を120%発揮できるか否かにも、大きく影響します。


仕事であれ、勉強であれ、まず、その日にしなければならないことは何と何か、仕事の全体量はどのくらいかを把握しましょう。

そして、先ほどの、簡単なものから先に始めることも含め、**優先順位や状況などに応じて仕事の順番を決め、さらに、大雑把に時間配分もしておくのです。**

かならず今日中に終わらせなければならないことと、時間がなくなってしまったら明日にまわしてもよいことを振り分けておくことも必要です。

こうして段取りが決まったら、メモにそれらの順番を書いて、見えるところに貼ってから仕事に取り掛かります。

こうすることで、メモにしたがって作業を進めていけますし、1つの作業から次の作業へと迷うことなく移行できます。

それに、「終わった、はい、次！」のリズムが生まれ、リズムにのるという心地よさが、集中力を途切れさせずに、持続させてくれるのです。

反対に、もし段取りをつけていなければ、1つの作業を終えたときにいちいち、「次は何をしようか……」とあれこれ迷うことになります。

作業本体とは違う方向へ考えがいき、リズムは途切れ、せっかくの集中力も中断の憂き目にあうことになります。

段取りができている場合とは、集中力に大きな差が出るのは当然でしょう。

ところで、**見えるところに貼った段取りメモは、やる気を高めるための優秀なツールとしても活用できます。**

1つの作業が終わるたびに、その文字の上に線を引くか、すぐ横に「済」の文字を書き入れるのです。赤などの目立つ色を使うとよいでしょう。

すると、線や「済」の文字によって、「成し遂げたこと」をはっきりと目で確認でき、それが達成感という「報酬」となって、やる気を喚起することになるのです。

また、お気に入りの付箋紙1枚ごとに1つの作業を書いて、やる順番に見やすい場所に貼りつけておくのもよいでしょう。

1つの作業が終わったら、その付箋紙をぐしゃぐしゃに丸めてゴミ箱に捨てるのです。こうすることで、達成感を得ながら、ストレス解消もできます。

目の前から、やるべきことが次々に減っていくのは、集中力アップの強い励みとなるのです。


段取りをつけること、それをメモや付箋紙に書いておくことは、集中力をムダに途切れさせないためにも、とても大切な「仕事」の1つです。

簡単にできるので、仕事のスターターとしても最適。たとえば、最初にメールを開くかわりに、こちらを先におこなうのもよいでしょう。

「反転・セルフ・シンクロニー」で、途切れた集中を取り戻す

背筋をシャキッと伸ばすと、その瞬間、気持ちまでシャキッとして、途切れていた集中力がよみがえります。

自分の気持ちが姿勢に反映される「セルフ・シンクロニー」という心理現象がありますが、この場合には、姿勢の変化に応じて自分の気持ちが変化するという「反転・セルフ・シンクロニー」が起こります。

セルフ・シンクロニー（自己同調行動）とは、自分の気持ちが姿勢や動作に表されることで、気持ちと行動（姿勢や動作）が同調した状態のことです。

電話の相手に「ありがとうございました」と言いながら、頭を下げてしまうのも、感謝の気持ちがお辞儀という動作に反映されているセルフ・シンクロニーの作用です。

セルフ・シンクロニーの典型的な動作が、姿勢といえるでしょう。

姿勢にはそのときどきの気持ちが顕著に表れます。ソワソワしているときには姿勢も定まらなくて、よく動きますし、反対に、気持ちが落ち着いているときには、姿勢を動かすことなく、静かに座っていたりします。意気消沈していると、背中を丸くして肩を落とし、首を前方に突き出した猫背の姿勢になっているはずです。

これらはまさしく気持ちが動作に反映されているセルフ・シンクロニーですが、これとは逆に、**動作に自分の気持ちをシンクロさせる「反転・セルフ・シンクロニー」**も可能でしょう。

つまり、シャキッと姿勢を正すという動作が、気持ちに反映されて、だらけてきた気持ちがシャキッとしてくるのです。

そこで、作業中に少しだらけてきたなと感じたときには、姿勢を正しましょう。この動作に気持ちのほうがシンクロして、「心の背骨」も伸び、やる気もわいてくるはずです。途切れていた集中も取り戻すことができるでしょう。

意外かもしれませんが、笑顔も「集中する心づくり」に大いに役立ちます。

仕事の山や目の前に積み重なった課題を前にして、「これを終わらせれば、早く帰れる」と、物事を前向きにとらえるポジティブ思考は、集中するために欠かせない要素です。この**ポジティブ思考をさらに高め、持続させるテクニックとして、笑顔を活用する方法があるのです。**

楽しかったり、うれしかったりすると、自然に笑みがこぼれます。これは、楽しい、うれしいという気持ちが起きると、自動的に口角挙筋《こうかくきょきん》などの表情筋が収縮して、口角やほおが上がるためです。

そこで、この場合もかたちから入って笑顔をつくれば、楽しい気持ちになるはず。現に、口角を上げただけで脳から、幸せな気分にする脳内ホルモンの「セロトニン」が分泌されます。このセロトニンはつくり笑いでも分泌されるのです。

そこで、**「ここで集中すれば、早く帰れる」などと自分自身に言い聞かせてから、最後に口角を上げてほほえみましょう。**すると、気持ちがさらに前向きになります。

また、仕事中にふと、締め切りや他の仕事で抱えている問題などが気になり、不安に思えたときにも、口角を上げてみましょう。気持ちがふっと明るくなって、不安を忘れられ、目の前のことに集中できるはずです。

超集中状態を習慣化する「条件づけ」の法則

先に、声を出すといった具体的な行動が、気持ちを集中モードへともっていく「きっかけ」となると説明しました。

ここでは、集中力をさらに底上げする方法をご紹介しましょう。

それは、**声かけなどの行動を「儀式」にして、「条件づけ」をするというテクニックです。**

たとえば、「よし、やろう！」とひと声発する、机をドンとたたくなど、ある特定の動作を決めておいて、仕事を始める前にはかならず、その動作を儀式としておこなうのです。トップアスリートたちも、競技に入る前に決まった動きでストレッチなどをおこなっていますが、それと同じです。

この**儀式をおこなうことで、「条件づけ」がなされます。**

条件づけとは心理学の用語で、ある特定のことをくりかえし、くりかえしおこなうことで、特定の反応が起こるように学習させることをいいます。

つまり、**机をドンとたたくという儀式のあとに、仕事や勉強を始める……これをくりかえしおこなっているうちに、私たちの頭は学習し、机をドンとたたくだけで自動的に気持ちが仕事モード・勉強モードに切り替わって、集中できるようになるのです。**

儀式としておこなう行動は、できたら、成功体験と結びついているものがよいでしょう。こういうことをしたら、取り組むべきことにスーッと入れて、集中できたという成功体験があるのなら、その動作なり行動を儀式として使うのです。

また、その動作をすると、自動的に集中に入れるだけでなく、成功したときの様子もよみがえりますので、集中力を上げる効果がさらにアップします。

もし、社内のコーヒーメーカーで入れたコーヒーを飲んだあとに仕事を始めたら、すばらしい集中力で仕事にあたれたという記憶があるのなら、ぜひそれを儀式にして、条件づけをおこなってください。自分で入れたコーヒーを飲むたびに、心地よい記憶とともに、スッと集中モードへと入っていけるでしょう。

怒りやイライラを集中のエネルギーに変える方法

集中力を著しく低下させる原因の１つが、怒りの感情です。

職場や学校など、集中力を必要とする場所にも、〝怒りの種〟はいくらでも転がっています。とくに、他人と協力して仕事や物事を進めなければならない場面では、理不尽なことを言ってくる上司や、無礼極まりない同僚、無茶ぶりをしてくるクライアントなど、怒りを感じる対象は少なくないでしょう。

そして、そのような相手に対して、怒りをぐっと飲み込み、押し殺すだけで、なんの手も打たないことほど、集中力を阻害するものはありません。腹立たしさ、くやしさ、情けなさといった負の感情が心の中で渦巻き、解消されないまま、いつまでも尾を引いてしまえば、本来なら仕事に向けられるべきエネルギーをそれらの感情に費やすことになり、仕事が手につかない状態になってしまうのです。

怒りを感じたときに、サッと集中モードに入る方法として、もっとも簡単ですぐにできるのは、深呼吸をすることです。ひと息入れて、怒りが鎮まれば、それでとりあえず仕事に集中できます。けれど、深呼吸だけでは怒りがおさまらなければ、ほかの方法を考えなければなりません。

そこでおすすめなのが、**怒りをモチベーションに変える**という方法です。

たとえば、上司が「この企画書の締め切り、1週間早めてよ」などと、とんでもないことを言ってきたとします。その理不尽さに思わずカッとして、頭に血がのぼるでしょうが、それでも上司の命令には、簡単には逆らえません。

このようなときには、怒りのエネルギーの方向性を変えるのです。

怒りは強いエネルギーをともなう感情です。そこで、この強いエネルギーを怒りから切り離して、**怒りを強いモチベーションへと昇華させるのです。**

何やら難しそうに聞こえるかもしれませんが、単純にいえば、無理難題を押しつけられたときに**「やってやろうじゃないか！」「目にもの見せてやる！」という気持ち**

になって、仕事を成就するという困難な目標に向かって闘争心を燃やして挑戦する——ということです。

こうすることで、怒りによって生まれたエネルギーを有効に使うことができます。「やってやろうじゃないか！」には、上司やまわりの者たちを見返してやろう、ギャフンと言わせてやろうという気持ちも働いています。この気持ちは、困難な仕事をやり遂げることで、上司を含めた周囲の者たちに、自分の能力を認めさせ、評価を上げさせようという外発的動機を生み出し、さらに、「自分の力を試してやろう！」という内発的動機を誘発することもできるのです。

外発的動機と内発的動機の両者がそろえば、モチベーションはいやがうえにも高まり、そうなれば、高い集中力を保ちながら、困難な仕事にも立ち向かえます。

怒りをもたらした相手のことを、心の中で責めたり恨んだりしているだけでは、何ももたらされません。しかし、その怒りのエネルギーをモチベーションへと昇華できれば、集中力を高いレベルに維持したまま仕事を続けられます。

怒りもポジティブにとらえれば、集中につなげることができるのです。

どんな作業でも集中できる、「実験→発見→報酬」の流れ

ルーティンとは、決まったことのくりかえしを指します。

仕事や勉強、家事など、やるべきことがルーティン化してくると、新鮮味も何も感じられず、飽きてきてつまらなくなり、当然のこととして、集中力も減退します。

でも、ルーティンワークだから仕方ないとあきらめるのは早計です。ルーティンワークであっても変化をもたらすことはできますし、小さなことでも変えられれば、その変化を楽しむことで、減退していた物事への集中力や意欲もよみがえります。

変化に必要なのが、「実験」です。いつもの作業の中で、新しい方法を自ら試してみる……。すると、いろいろな発見があるはずで、この**発見という喜びが、物事へのモチベーションを上げる「報酬」につながります。**

この**「実験→発見→報酬」の流れができることで、仕事や勉強への達成動機も、集中力も、がぜんアップしてくるのです。**

たとえば、カレーライスをつくる場合、同じルー、同じ材料を使っても、肉の焼き方やタマネギの炒める時間を変え、ジャガイモやニンジンの切る大きさを変え、水の量を変える……という「実験」をすると、つくるたびに味が違うという「発見」があります。そして、「実験」自体の楽しさと、「発見」の喜びが、「報酬」となって、やはり、集中とやる気をうながしてくれるのです。

それは仕事や勉強の場面でも同じです。

仕事であれば、前任者から引き継いだやり方がすべてではなく、改善の余地はかならずあるはずです。仕事の手順を少しだけ変えたり、ファイリングの方法を工夫したり、提出書類のフォーマットに変化をもたせたり……思いついたことを試してみれば、作業効率がわずかながら上げられるかもしれません。

それが小さな喜びという「報酬」を生み、退屈の代名詞のように見なされているルーティンワークに楽しさと集中力をもたらすことになります。

必要なのは、変えようという意志と工夫、実行に移す勇気、わずかな成果でも喜べ

る心のしなやかさでしょう。そして、あと1つ加えるとしたら、遊び心です。

楽しいから、おもしろいから、何かをするのが遊び心です。成果など求めません。けれど、遊び心はルーティンワークにちょっとしたワクワク感を与え、明るく前向きな気持ちを引き出すことで、集中力を高めてくれます。

ある知人は、クライアントと雑談するときなどに、出身地のなまりや方言を使うことにしたそうです。大うけだったといいます。

知り合いの広報マンはある日、名刺交換した人たちの名前をかたっぱしから、フルネームで覚えようと思いたったそうです。あくまで遊び感覚で始めたのですが、下の名前まで憶えていることに相手は驚き、好印象につながっているようでした。

極彩色のボールペンも売られています。それらを使い、スケジュール帳の文字を、仕事の内容別に色分けするなどという、小さなことでも気分は上がります。

ルーティンワークのマンネリズムや退屈さを追い払って、楽しい気分にしてくれ、集中力まで高めてくれるのが、遊び心。ぜひ、試してみてください。

第3章

環境を変えるだけで、驚きの効果が！

集中力を一瞬で引き出す「心の騙し方」

テリトリーをつくって「集中できる自分」を守る

第3章では、自分のまわりの環境や持ち物、さらには時間の使い方など、広い意味での「仕組み」を変え、それによる心の動きを変えることで、集中力を高める方法、集中している自分を守る方法をお伝えしていきます。

ここでは、まず、自分の集中を阻害するものから、どうやって集中状態を守るかについて見ていきましょう。

集中を阻害するものでもっとも多くの方が思い当たるのが、話し声や雑音、他人の気配といった外からの要因でしょう。**心理学では、他者がいることで、作業効率や課題の成績が低下する現象を「社会的抑制」と呼びます。**

集中力を高めたり、集中力を持続したりするためには、社会的抑制の要因を遮断するか、そのレベルを弱めなければなりません。

そのためには、電車の中などで集中して本を読んだりしている人たちの心の状態が、ヒントになるかもしれません。

線路を走るガタゴトという音、アナウンスの声、乗客のおしゃべり……。社会的抑制をもたらす車内でも、全神経を本やスマートフォンに集中している人たちがいます。

なぜこんなことができるのでしょう。

じつは、彼らはこのとき、**まわりの乗客を「没人格化」しています。**つまり、乗客を人格のない、「もの」のように見なすことで、乗客の存在を意識から消し去っているのです。**没人格化することで、自分だけのパーソナル・スペース（個人空間と訳されており、持ち運びされるテリトリーとも呼ばれる泡のような空間）に閉じこもることができます。**

この空間の中では、雑音や話し声が遮断されるので、本を読むことや、スマートフォンの操作に集中することもできるのです。

職場や学校でも、このようにまわりの人たちを没人格化して、パーソナル・スペースをつくることができれば、だれにも邪魔されずに高い集中力を保てるはずです。ところが、職場や学校では、それがなかなかうまくいかないことがあります。それというのも、周囲にいるのが顔見知りや知り合いである場合には、没人格化が難しいからです。

よく知っている人間の存在を消すのは、困難をともないます。

パーソナル・スペースがうまく保てない場合には、「私物」を使って他者との境界線をつくりましょう。こうすることで、自分のテリトリー（占有の領域）を確保することができます。

たとえば、職場であれば、両隣の席との間にパーテーションを立てて、自分のテリトリーをつくることもできます。パーテーションの使用が許されていない会社であれば、かわりに、書類を積み重ねておいて仕切り代わりにしてもよいですし、フィギュアやきれいな風景写真、観葉植物といった、お気に入りの小物を机に置くのもおすすめです。それらを置くことで、自分のテリトリーを強く意識でき、パーソナル・スペースに包まれている実感をもつことができます。

隣の人の舌打ちや、ボールペンをカチカチやる音、パソコンのキーを強くたたく音などが気になることもあるでしょう。耳栓をするなり、ヘッドホンをつけて音楽を聞くなりすれば、不快な音をシャットアウトできます。けれど、耳栓もヘッドホンも使用禁止の会社や学校などでは、それもかないません。

1つの解決策として、**相手と同じことを自分もしてみるというものがあります。**

そうすることで、相手に自分のクセに気づいてもらうのです。それらのクセに気づけば、それが他者の集中力を途切れさせるものになっているということにも、気づいてもらえることでしょう。

万が一、それでもやめないようなら、本人に直接、やめてくれるように頼むしかありません。笑顔で、軽いノリで「パソコンのキーボードをたたく音、かなり高いね。ちょっと気になるんだ」などと言えばよいでしょう。

相手は傷つくかもしれませんが、「それは相手の問題」と割りきることも、自分を守るためには、ときに必要なのです。

集中を妨げられたときの頭と心の立て直し方

こちらが集中したいにもかかわらず、そんなことはおかまいなしといった様子で、仕事中によく話しかけてくる同僚に悩まされている人も少なくないでしょう。

これも強力な社会的抑制の1つです。パーソナル・スペースに閉じこもり、集中しているときにいきなりやってきて、スペースのバブルにプッチンと穴をあけるのです。

相手に悪気はないのでしょうが、はなはだ迷惑ではあります。

ところが、こういう人たちの餌食《えじき》にならない人もいます。非常に高い集中力で仕事に取り組んでいる人で、姿勢も表情も集中していることは一目瞭然。「話しかけるな！」のオーラを全身から発しているような人です。

そのような人には、軽口をたたくために話しかける気にはなれないでしょうし、話しかけたとしても、集中しているのでその声が聞こえません。聞こえたとしても、「突然の侵入者」に驚愕《きょうがく》して顔を上げ、その形相に、話しかけた側はたじろぎ、あとずさりするのがオチでしょう。つまり、仕事に深いレベルで集中することが、話しかけられないための最大の防御となるのです。

それでは、話しかけられやすいのは、集中力が低いせいなのでしょうか。そうとは限りません。話しかけられやすいかどうかは、その人の性格や性向も大きく関係しているからです。

世の中には、他人を寄せつけない「クローズなふるまいをする人」もいれば、逆に、他人を積極的に受け入れる「オープンなふるまいをする人」もいます。授業中に、先生にあてられないように、うつむいて体を硬くしている子どもは、クローズなふるまいをしていることになります。逆に、オープンな人は話しかけやすい雰囲気をもっているので、他人から道をたずねられたり、相談されたりする頻度が高くなります。

オープンな人は話しかけられることが多いわけですが、そのとき、「せっかく集中していたのに……」などと否定的にとらえないことが大切です。話しかけられたことを否定的にとらえると、腹が立ち、気分が沈んで集中力がますます低下します。

「話しかけられるのは相手にとって〝話しやすい〟オープンな人柄だから」と、ポジティブに考えましょう。そのうえで、「今、急ぎの仕事をしているので、3分間でいいですか？」などと明るく伝え、相手になるべく早く話を切り上げさせるのです。ときには「どんな用件ですか？」と対話のイニシアティブを握り、自分のペースで話を終わらせるという手もあります。数分間の中断であれば集中力は途切れないはずです。

話しかけられたせいで集中力がいったん途切れると、仕事に戻っても、集中力をなかなか取り戻せないかもしれません。そのとき、「あの人のせいだ！」と恨めしく思っても、集中力は戻ってこないどころか、怒りの感情にとらわれることは、逆に集中の妨げになります。

いったん話しかけられてしまったら、ここは潔く「気分転換のチャンス」と、とらえて休憩するのも方法です。コーヒーを飲んだり、1フロア上のトイレまで階段を使って上ったり……。物事のとらえ方を1つ変えるだけで、自分の心も、集中力もコントロールできます。

休憩は「もう少し頑張れそうかな」のタイミングで

この本を読んでいる方の中には、集中して仕事や勉強に取り組む時間を、少しでも長く延ばしたいと考える人が多いでしょう。そして、そのような人たちは、作業中に、集中力が途切れてしまう自分をなんとかしたいと思うかもしれません。

作業をはじめてすぐに集中が途切れてしまうのは論外ですが、長い間作業を続けていて集中が切れるのは、多くの場合、「そろそろ休んだほうがいい」という脳や心が発する「内なる声」の現れといえます。このような状態で、無理をして作業を続けても、効率は上がりません。

それなら、「自分の中から生まれる声」にしたがい、潔く仕事を中断して、体と頭を少し休めてから、ふたたび机に向かったほうが効率的でしょう。

頭も体もすっきりさせて、仕事に集中して作業を進めれば、休んだ時間の分はすぐに取り戻せます。休まないでダラダラと仕事を続けた場合よりも、早く終わるかもしれません。

ただ、**重要なのが、休憩を取るタイミングです。**どうせなら、休憩明けにスッと集中モードに入れるタイミングで休みを取るようにしましょう。

休憩を取るタイミングを考えるときにヒントとなるのは、「ツァイガルニク効果」です。ロシアのツァイガルニクという心理学者が提唱した説で、人は達成できなかった事柄や、中断している事柄のほうを、達成できた事柄よりも鮮明に覚えているというものです。

わかりやすい例が、テレビの連続ドラマでしょう。毎回、じつにいいところで気をもたせて終わります。結末まで達しない、結論を中断したかたちで終わる――。だからこそ、記憶に鮮明に残ります。その記憶が、次はどうなるのだろう、続きを見たいという気持ちを起こさせ、視聴率のアップにつながるのです。

もし、結末までいってしまったら、視聴者はそれで満足して、さほど鮮明な記憶としては残らないし、次回を見ようという気にはさしてなりません。

この「ツァイガルニク効果」の法則にのっとれば、**「もう少し頑張って、最後までやってしまおうかな」と思ったときが、休憩に入るタイミングといえます。**

一段落したときやキリのよいところで休憩に入るのではなく、「もう少し頑張れば終わる」というタイミングでひと息入れるのです。

一段落したところでひと息入れると再起動が困難になります。また、一段落してから中断することで、仕事の記憶が途切れることにもなります。

完結を「次回」に先送りしておけば、その記憶がより鮮明に残ります。記憶が鮮明に残っていれば、いったんコーヒーを飲んでくつろいでも、再開したときに作業に取り掛かりやすくなり、集中状態に入りやすいでしょう。

また、キリのよいところではなく、少しだけ残して休憩に入ると、「休憩するから」と、仕事という電源を完全に切ることなく、自動的に「スリープ状態」に入れます。つまり、休んでいる間も、頭の片隅に仕事の内容を記憶として残しておけるようになるのです。

すると、**仕事を再開したときに、その記憶が仕事につながるため、ゼロから再スタートするよりも集中力を高めやすくなります。**

くりかえしになりますが、あまりに短時間で集中力が切れてしまうのは、「休憩のサイン」ではありません。短時間で集中力が途切れてしまうのは、取り掛かろうとする仕事の内容が難しかったり、やらなければならないことの「内容」について、はっきりわかっていないためかもしれません。

少しやっては、「これではダメだ」というくりかえしでは、集中力も途切れて当然です。その場合は、1人で悩むよりも、早い段階で思いきって、だれか、職場であれば同僚なり先輩なりに相談するといいかもしれません。**ちょっとしたヒントが突破口となって、仕事がスムーズに進み、集中力も高まる可能性があります。**

もちろん、その仕事や勉強をしたくなくて、早々に集中力が切れてしまう場合もあるでしょう。対策としては、すでにお話ししたように、やるべきことをいくつかの山に分けて、1つの山が終わるごとに、コーヒーを飲むなどのご褒美を与えるのです。

こうして自分の心をだましだまし、やり過ごしているうちに、気がついたら、やりたくない仕事の山がきれいに片づいていることでしょう。

小休憩の取り方が効率とスピードを左右する

長時間の作業で「集中力」が途切れてしまったときは、休憩の時間を取ったほうがいいのですが、もちろん「疲れた感じがしない」場合であっても、休憩は必要です。疲れきって何も手につかなくなってしまう前に、早め早めに小休止を入れるとよいでしょう。**具体的には45分から1時間に、1回を目安にするとよいかもしれません。**

仕事の内容によっても異なりますし、個人差もありますので、いちがいにはいえませんが、**集中できる時間はだいたい45分程度が限度という説が有力なようです。**

集中力のピークは15分ごとに1回おとずれ、この波を3回くりかえしたのち、急激に集中力が低下してくるといわれています。つまり、15分×3＝45分、45分が限度というわけです。

また、パソコンの作業時間などについて、あるパソコンメーカーは、1連続作業時間が1時間を超えないこと、そして、1連続作業時間内でも、1～2分の小休止を1～2回取るようにと提唱しています。

職場では2～3時間、机に向かいつづけることも多々あります。

一生懸命やっていると、集中できていると思いがちですが、1時間以上続けている頃から、実際には集中力はすでに低下しはじめ、作業効率が落ちてきている可能性は大です。そのことを肝に銘じて、早めに休憩することが、高い集中力を保つためには肝心なのです。

また、長時間、椅子に座りつづけていると、全身の血液循環が低下し、脳へいく血液量も減少して頭の回転が悪くなりますし、目も疲れ、肩や背中、腰も凝ってきます。脳を含め全身的な疲労によって集中力は衰え、作業効率が低下してしまうわけです。

休憩時間には、まず何はともあれ、椅子から立ち上がることです。低下している血液循環を高めることができます。

伸びをしたり、あくびをしたり、首や腕を回してストレッチをしてもいいでしょう。

窓から遠くを眺めれば、目を休めることができます。

集中力の回復のために欠かせない休憩ですが、この休憩がなかなかの曲者《くせもの》で、下手をすると、集中が完全に途切れてしまって、やる気が起こらず、そのまま休憩しつづけることにもなりかねません。

すでに先の項目でお話ししたように、キリのよいところで休憩に入るのは危険です。終わりまでいく手前の、まだ少し仕事が残っているタイミングで休みます。頭の電源を切らずに、スリープ状態のままにしておくのです。

すると、休憩中も仕事の記憶があるので、階段を上がりながら頭の中を整理できたり、いいアイデアがふっと浮かんだりして、仕事へ早く戻りたくなることも珍しくありません。少なくともゼロから集中力を高めていく必要はなくなります。

こうして席に戻り、そして、心のマウスをクリックすれば、スリープ状態の脳が即刻、動きだすはずです。

集中力が途切れた瞬間に、作業の効率化のヒントがある!

前項で、作業の途中でひと息入れること、集中モードからいったん離れることで、心身ともにリフレッシュすることができ、作業効率が上がるというお話をしました。

けれど、ひと息入れることの利点はそれだけではありません。

目の前の作業を中断し、集中力がなくなった瞬間にこそ、新しい「発見」があり、その発見が作業効率を上げたり、抱えている問題の糸口になったりするのです。

どうやって集中するか、という話からは少しそれてしまいますが、この視点は、作業効率を上げたり、仕事や勉強の成果を高めるためには、とても重要です。

たとえば、取り掛かっている仕事から離れて、コーヒーなどを飲んで休憩しているときに、ふっといい考えが浮かんだりします。それには理由があります。

机に向かって黙々と仕事をしているときには、思考が1つの方向にのみ向かっています。集中しているからこそ、1つの方向に向いているのですね。

ところが、**いったん机から離れて散歩などしていると、同じ仕事に対しても、違う方向や視点から眺められます。**

その結果、発想の転換ができ、机にかじりついていては気づかなかった新しいアイデアが浮かんだり、発見が往々にしてあるのです。

新しい物事の発見には、「準備期→孵化《ふか》期→啓示期→検証期」の4つの段階があります。

準備期の準備とは、情報や資料を集めること。そしてその情報・資料をもとに、アイデアという「卵」が孵《かえ》るまで、じっと卵を温めているのが孵化の段階です。そして、この孵化をへて、あるときふいに「わかったぞ！　こういうことだ！」という啓示を受けて、新しいアイデアがひらめき、この啓示が正しいかどうかを検証して、発見にいたります。

仕事や勉強を中断して、散歩をしたり、お茶を飲んだりする休憩の時間は、4段階のうちの「孵化期」にあたります。

入浴中に、金の王冠の体積の計測法を発見したのがアルキメデスです。おそらく、いくら考えてもわからないものだから、「風呂にでも入ろう」と思ったのでしょう。このひと息入れるという行為、つまり、孵化の段階をへたことが、発見を生んだと考えられます。

アルキメデスは風呂から飛び出し、喜びのあまり服を着るのも忘れて「ユリイカ！」（我、発見せり！）と叫び、街の通りを走ったという伝説が残されています。

歴史に残る大天才の発見と比較するのは、少々気がひけますが、それでも、中断して休むという、一見ムダに思われることが、仕事においても、そして人生においても大切な意味をもっているのです。

仕事を中断して休憩するときには、ただボーッとしてもいいし、ゲームや読書を楽しむのもよいでしょう。散歩や軽く体を動かすのもいい気分転換になります。

この場合、休憩時間を15分なら15分とあらかじめ決めておくことが重要です。

時間の感じ方は、そのときどきの心理状態によって変わります。

いやな仕事をしているときには時間が遅々として進まないし、好きな本を夢中になって読んでいるときには、時間があっという間にすぎてしまいます。

このような時間を、**時計が刻む時間（物理的時間）に対して「心理的時間」と呼びます。**

休憩時間にゲームなどに熱中すれば、心理的時間はどんどんすぎていきます。

休憩の時間が多くなりすぎないよう、制限時間を決めて、さらに、タイマーをかけておけば万全でしょう。

質と集中力を一気に高める作業前の1つの習慣

職場に着いてからいち早く集中力を引き出したい人は、通勤時間を「ウォーミングアップ」の時間に変えてみましょう。

アスリートも競技が始まる前にストレッチなどをして、ウォーミングアップをおこなっていますが、**ビジネスマン・ビジネスウーマンにとってのウォーミングアップは「認知的構え」です。**

認知的構えとは、「これからやらなければならないことを1つのセットとして、前もって理解しておくこと」を指します。

つまり、通勤電車の中で、その日にする仕事について頭の中で段取りや仕事の内容などを予習して、理解を深めておくのです。

すると、会社に着いたら、仕事にすぐに取り掛かれ、理解が深まっているぶん、仕事がスイスイ進んで自然に集中力が高まります。

このような認知的構えの効果は、外科医を対象にした実験でも明らかにされています。その実験では、外科医たちに手術全体をおおまかに思い描いてから、手術にのぞんでもらったのです。最初にあそこを切開すると、出血があるから、その部分をガーゼで止血して……などと、手術の過程を事前に頭の中で描いてもらうことで、集中力も高まり、より安全な手術をおこなうことができたという結果が得られています。

外科手術に限らず、どのような仕事でも認知的構えは活用できます。

認知的構えでは、まずは、仕事の全体像、つまり「森全体」を思い描きます。

この段階では、**今日はこの仕事を最初に仕上げて、次にあの仕事に手をつけて……、というように、その日にする仕事の全体を眺め、道筋などを確認します。**

このとき、終わったあとのすっきりした気分も意識しておくとよいでしょう。それが「報酬」となって、心が弾み、達成動機が高まるはずです。

森全体をイメージできたら、次に、森を構成する「木」を思い描きます。

森の中のほそい道などに分け入って、木々や道のこまかいところまでしっかり見ていくイメージです。

たとえば、**企画書の作成なら、書き出しや、中の表現にいたるまで考えて、頭の中にその日の仕事の「地図」をつくっていきます。**

このように、その日の仕事の輪郭からやるべき細部にいたるまで想像することで仕事への理解が深まり、認知的構えをつくることができます。

やるべきことの内容が十分に理解できていれば、不安はなくなり、逆に自信が生まれもします。仕事にすぐに取り掛かれ、集中することもでき、そして、仕事の質も高まるでしょう。

認知的構えは、満員電車の中で立ったままでもつくれます。もし余裕があったら、1日の仕事の流れや、要所要所をメモしておけば、よりスムーズに仕事を始められるはずです。

こまめな片づけで「脳の疲労」を減らす

整理整頓は、仕事をスムーズにおこなうための基本ですが、**散らかっている机の上をきれいに片づけることは、集中力を引き出すことにもつながります。**

「散らかっているほうが落ち着けるし、集中できる」などと言う人もいますが、机の上が散らかっていれば、資料や書類の山から必要なものを探さなければなりませんし、そのたびにイライラして、集中力も途切れてしまうことが多くなるはずです。

1つの仕事が終わったら、そのけじめとして、不要になった資料や書類などを片づけましょう。すると、次の仕事のためのスペースが確保できます。片づけることは、次の仕事に取り掛かるための、大切な準備作業でもあるのです。

料理人は1つの料理ができあがると、使った鍋やフライパンなどの調理道具を手早く片づけ、調理台をきれいにします。こうして態勢を整えてから、次の料理づくりに移るからこそ、集中して料理の腕をふるえるのです。

机の上が片づいていると、必要なものをすぐに取り出せるという物理的なメリットだけでなく、心理的な面にもよい作用をおよぼします。

机に乱雑に積み重ねられた書類などを目にすると、どんなにその状態に慣れている人であっても、心の中に小さな疲労感を覚えます。早い話が、机を見ただけで、うんざりしてしまうわけです。また、仕事や勉強そのものを見たくない気持ちさえも引き起こされます。それは、種々雑多な視覚刺激が目にいっぺんに飛び込んでくるため、脳もそれらの刺激を情報処理することが困難だからでしょう。

このような状態では、取り掛かろうとする対象に集中できません。

これに対して、**きれいに片づいた空間では、視覚刺激がぐんと減りますので、脳も余計なことにわずらわされずに済みます。**すっきりとした心地よさを感じるのはそのためです。心地よさは気持ちを落ち着かせて、集中力を高める要素でもあります。

1つのプロジェクトが終わっても、しばらくは一部の関連資料などを念のために保管しておく必要があるかもしれません。その場合も、できれば、段ボール箱に詰めて、別の場所に移すなどして、次の企画のためのスペースを空けておきたいものです。

別の場所に移したものはつい、ため込んでしまいがちですので、「念のため資料」を定期的にチェックして、不用になったものから随時捨てていきましょう。

机の上を片づけるためには、引き出しの中を片づけることが不可欠です。引き出しの中が整理整頓されていなければ、机の中に出ているものをしまう場所がありません。使わないものを捨てて、中をすっきりさせたり、小さな透明のボックスなどを仕分け用に使ったりして、整理整頓を心がけましょう。

もちろん、1日の終わりにも、簡単に机の上を片づけてから帰ります。

ただし、このときだけは、**机の上を「何もない状態」にする必要はありません。**もし、やりかけの仕事などがあれば、その資料や仕事は広げて帰ってしまいましょう。翌朝、会社にきた瞬間に資料や仕事が目に入れば、いちはやく仕事モードに入れ、スムーズに集中できるはずです。

机の上に鏡があるかないかで、集中力は大きく変わる

集中力を必要とする仕事場の机の上や、自分の部屋の勉強机に、ぜひ1つ置いてほしいのが、鏡です。

鏡は自分の気持ちを客観的にとらえることのできるすぐれた道具であり、集中力を高めたいときにも重要な役割を果たします。

子どもは2歳前後になって、鏡の中の自身の姿を見て、それが自分だと認識できるようになります。これを**心理学では、「鏡像の了解」と呼びます。**

鏡は自分を知るための重要な役割を果たしているのです。

第2章で、「自分でも、今の自分の気持ちがわかっていないのが人間だ」というお

話をしました。今、自分はこう感じていると思っても、その判断が正しいとは限りませんし、場合によっては無意識のうちに、自分の気持ちを自分に都合のいいように解釈しているかもしれません。

ですから、**「仕事をやりたくない」「仕事に集中できない」と思っていたとしても、それが本心とは限らないのです。**自分の本当の気持ちを知りたいとき、鏡を使えば、自分の気持ちを客観的に判断できます。つまり、鏡と対話することで、自分の深層心理を探ることができるのです。

そこで**「どうしても仕事に集中できないな……」と思ったときには、机の上の鏡に自分の顔を映してみましょう。**

鏡の中の自分が、けっこう楽しそうな顔をしていたら、「自分は今、意外に心地いいんだな」と客観的に自分のことを理解でき、**「そんなに仕事をやりたくないわけじゃない」と、判断もできます。**ふしぎなもので、**この判断を自分でできるだけで、集中力はわいてくるのです。**

でも、もしも鏡に、不機嫌な顔が映っていたとしたら？　じつは、その心配があまりないのが鏡のすぐれた点です。

人間は、いざ鏡で自分の顔を映すと、多くの場合、自意識が顔をのぞかせるため、照れくさくなって、ニヤッとしたり、ニコッとしたりするものです。笑顔を見ると、それがたとえ、口元の多少ゆがんだ苦笑いであっても、人は心地よさを覚えますし、「自分は心地よい状態だ」と、実感します。

この心地よさは、第2章でもお伝えしたように、仕事をすると心地よい体験が得られるという考えにつながり、やる気と集中力を生む要素の1つとなります。

机の上の鏡は心地よさをもたらし、やる気を起こして、集中力を高める優秀な小道具なのです。

また、仕事をしていれば、何かの拍子で行き詰まり、進まなくなることもあるでしょう。そのとき、「どうしよう」と焦ると集中力は途切れます。

この場合は、第1章でご紹介した「傾聴→探索→分析→行動」の4段階を踏むLEAD法で、うまくいかない原因をはっきりさせることが必要ですが、その前に鏡に向かって、つくり笑いをしてみるのも有効です。

第2章でお伝えしたように、**たとえつくり笑いであっても、笑顔は気持ちを前向きにして、結果的に集中力や意欲を引き出します。**鏡に向かって笑うことができれば、笑顔を視覚でとらえられるので、その効果はより大きいものになります。

焦りや不安はなんの解決にもなりません。

行き詰まったときには、試行錯誤をくりかえし、なんとか突破口を見つけるしかないのです。集中して物事に取り組み、試行錯誤を続ければ、おそらく突破口は見つかるでしょう。

それを信じて、鏡の前で笑顔をつくってみてください。

1回で足りなければ、何度でもくりかえします。気持ちが上向きになり、「やるしかないね、やろう！」と、前向きな気持ちがふつふつとわいてきて、いやな仕事にもスッと取り掛かれるはずです。

なぜ、時計があるだけで5分間の密度が変わるのか

先ほどご紹介した鏡とともに、**仕事場の机や勉強机などに置きたいものが「時計」です。**

原始時代には、集中力は生死に関わる場面で発揮されるものでした。

集中力は本来、追いつめられて、切羽詰まった場面で発揮されるものであり、逆にいえば、追いつめられてもいない、切羽詰まってもいないときには、怠け心が顔を出して、なかなか集中力を引き出せないのも人間なのです。

そこで、**自分で自分を追いつめて、自ら切羽詰まった場面をつくり出します。**

そのために欠かせない小道具が机の上の時計です。

死刑囚の中には詩を書いたり、絵を描いたり、手記を記したりする者が多くいるの

に、終身刑の囚人にはそのようなことをする人は少ないという話を、以前何かの本で読んだことがあります。

死刑囚はいつ処刑されるかわからない、つまり、残された時間が限られているといえます。そのような切迫した状況にあるからこそ、彼らは少しでも時間を有意義に使いたいと思い、そのことが創造的で生産的な活動につながっているのだと、考えられます。

いっぽう、終身刑の囚人にはこのようなタイムリミットはありません。

実際には、終身刑の囚人に限らず、だれにでも寿命というタイムリミットがあり、その意味では死刑囚と同様なのですが、ほとんどの人間が自分自身に関しては、寿命の存在を信じていません。自分にだけは寿命というタイムリミットがないと思ってしまうのです。

ここには、死という恐怖を見ないようにする心の働きが関係しています。

いずれにしても、終身刑の囚人たちは時間が限りなくあると感じているため、何か特別な活動をすることなく、日々を過ごすことが多いのでしょう。

つまり、**「自分に与えられた時間は限られている」と意識するだけで、人間の行動**

は大きく変わってくるのです。

そのため、時計を目の前に置くだけで、時間への感覚が鋭くなります。「この仕事に1時間もかかっている」「50分でやろうと思っていたことが40分で終わった」など、自分が時間をどう使っているかが、認識できるからです。

それだけで、集中力を底上げすることはできますし、仕事や勉強など、やるべきことに1つひとつ、タイムリミットをもうけて、「差し迫った感」をつくり出せば、モチベーションは一気に上がります。

この**タイムリミットにより、現実味をもたせてくれるのが、「他者」の存在です。**

職場であれば、直属の上司あたりが適任かもしれません。

「○時までに仕事が済まなかったら、またネチネチうるさいぞ」とか、「上司に迷惑がかかって、彼のメンツをつぶすことになるぞ」などと思うことで、切迫感が増して、制限時間内に仕上げようというやる気と、集中力が高まります。

ただし、あまり深刻になると、ネガティブ思考に陥りかねないので注意しましょう。

「時は金なり」といいます。この「金」はマネーではなく、ゴールドのように貴重なものという意味でしょう。

ボーッとしていれば、5分などすぐにすぎてしまいますが、切羽詰まったときには5分間はとても貴重なものとなります。

5分間という時間、20分、30分、1時間という時間の大切さを、つまり、時は金なりということを、机の上の時計がつねに意識させてくれます。

〝雑音〟を味方につければ、どんな場所でも集中できる

不安や緊張は集中力の妨害になります。

この不安や緊張をやわらげるために、「音」を利用するのも集中力アップにつながるのです。とくに、**川のせせらぎ、雨音、虫の鳴き声などの自然界の音は、「遠い祖先たちが生活の中で慣れ親しんできた記憶」が私たちの体にも息づいているためか、安らぎや心地よさ、安心感などをもたらす強い味方になります。**

ネットには、集中力を高めることを目的に、自然の音を集めた無料のサイトも数多くあって、すぐにダウンロードもできますので、利用してもよいでしょう。

もし、ヘッドホンをつけて仕事や勉強ができるような環境にあるなら、この方法をぜひ試してみてください。

心地よい自然界の音と対照的なのが、喫茶店などの雑音です。

人の話し声や笑い声、テンポのいいBGM、店員が注文を確認する声など、多種雑多な音がまじった喫茶店の「雑音」は、いかにも集中力をそぎそうに思われます。

ところが、この種の雑音もじつは、集中力を高めるのに好都合なのです。**喫茶店やファミレスなどで勉強に集中している学生を見かけるのも、雑音が集中力を高めるからにほかなりません。**

ザワザワしている喫茶店の中で集中できる理由の1つには、**人間は静かすぎる環境では、かえって集中しにくいというものがあります。**音を完全に遮断した実験用の部屋に被験者を入れたところ、自分の息遣いや唾を飲み込む音などが耳に響いて、集中力が低下してしまったという実験結果もあるほどです。

しかし、このような完全無音状態でなければ、自分の発する体の音など聞こえるはずはありません。それならやはり、静かな環境のほうが集中できそうなものです。

なのに、なぜ雑音だらけの喫茶店で集中できるのか――。それは、**喫茶店の雑音が**

「白色雑音」だからです。

光の色を何色も重ねていくと、無色になるように、多くの音を重ねていくと、意味をもたない「色のない音」に変わります。この現象を「白色雑音」と呼びます。

意味をなさなければ、聞こえないのも同じで、そのため、雑音だらけの喫茶店では、むしろ集中しやすいことになるのです。

この白色雑音と対照的だといえるのが、「カクテルパーティ効果」によって耳に入ってくる言葉や話し声です。

多くの人がいる場所、たとえば飲み会やパーティ会場などで、特定の人の話し声ややりとりなどが気になることがありませんか。これには、「カクテルパーティ効果」と呼ばれる心理効果が働いています。大勢の人たちがおしゃべりをしている騒々しいカクテルパーティの席でも、**興味のある人の会話や自分の名前などが聞こえてくることを指します。**

聴覚には、自分の興味のあるものだけを、たくさんの音の中から選択的に聞き取るという特技があるのです。

職場や学校には、自分と関わりがある人、自分の好きな人や、嫌いな人、あるいはライバルなどがいます。そのため、職場では人々の話の内容や電話でのやりとりが、とくによく耳に入ってきてしまい、集中できなくなってしまうことがあるのです。

カクテルパーティ効果の対策には、気になる音を別の音でおおって聞こえなくする「マスキング」という手法が使えます。

状況が許せば、先ほどご紹介した「自然界の音」など、集中力を促す音をヘッドホンで聞き、耳に飛び込んでくる音を遮断しましょう。ちなみに、喫茶店の雑音もネットから無料でダウンロード可能です。

「ここぞ」という仕事をすべき本当の時間帯とは

集中力が高まる時間帯は、その人の体質や生活習慣、職場環境などによって大きく異なりますので、いちがいにはいえません。けれど、万人についていえることは、空腹時には集中力が高まり、満腹時には集中力が低下するということです。

ではなぜ、空腹時には集中力が高まるのでしょうか。

それは、**私たちの体が飢えに対処するために、集中力を高めるようにつくられているためです。**

人類が誕生して約600万~700万年。その間、「飢え」は人類にとって、とても大きな問題でした。飢えることは生命の危機を意味し、そして、生命の危機に直面したとき、体は集中力を一気に高めて、獲物を追いかけたはずです。

多くの人たちが飢えから解放されたのは、人類の長い歴史ではごく最近のこと。いまだに私たちの体は、空腹を生命の危機と見なして、空腹時には集中力が高まりやすくなります。さらに、空腹時に胃から放出されるグレリンという物質は、脳の海馬に作用して、記憶力を高めている可能性も指摘されています。

ただし、おなかがすきすぎていては、そのことが気になって集中を妨げますし、脳に必要な糖分が不足して、脳の働きが低下する可能性もあります。多少、空腹気味、というくらいが適当でしょう。

つまり、**重要な仕事は、おなかが多少すいている時間帯におこなうと、高い集中力であたれることになります。**

反対に、満腹は眠気を誘い、集中を妨げる一大要因です。

お昼におなかいっぱい食べたあとは、集中するどころか、睡魔におそわれて、会議で居眠りしそうになった経験がある方もいるでしょう。

1つには、食後は、食べたものの消化吸収のために、全身の血液が胃腸に集まってしまい、脳への血流が不足するためです。また、食後は血糖値が上がって、インスリンが多く放出され、このインスリンが眠気を引き起こします。

このような状態は、ふつう食べはじめて2時間から2時間半ほど続くとされています。**昼食から戻って、なるべく早く仕事に取り掛かりたいのなら、昼食をなるべく軽めに済ませるか、大事な仕事が午後一番に控えているときなどは、いっそのこと、食べないで済ませるのも選択肢の1つです。**

朝食は1日の重要な活力源となります。昼食を抜くことがあっても、朝食はかならずとりましょう。「噛む」という動作によって、口のまわりの筋肉が動かされて、血流が高まり、脳へもたっぷりと血液が送り込まれ、脳も体もめざめます。

食事をしたことで胃腸に血液がいって集中が妨げられたり、インスリンの関係で眠くなったりするのは、食事開始から2時間から2時間半ほど。起きて早めに食べれば、会社に着いたときには、食事の影響はすでに解消されて、すっきりとした気分で仕事に向かえるでしょう。

ボールペン、ハンカチ…身近な「もの」を味方にして集中力を高める

イライラしたり、心がざわついたりして、気分が落ち着かないときは、だれにでもあります。そのようなときには、集中することは難しいでしょう。まず、気持ちを落ち着かせなければなりません。

このようなときに役立つのが、「自己親密行動」です。無意識にやっている人も多くいますが、緊張や不安などを鎮めるために、身近にあるボールペンを握ったり、腕を組んだりすることを指します。

厳密には、自分の体の一部をふれる行為が自己親密行動ですが、ものをさわるのも、広い意味での自己親密行動といえるでしょう。

それにしても、なぜ自分の髪の毛にふれたり、腕を組んだりすると、気分が落ち着

くのでしょう。

それは、**自分の存在を確認できるからです。**

たとえば、私たちは椅子に腰かけると、お尻に体重を感じ、そのことで自分の存在を実感します。ところが、「恒常化」といって、時間がたつにつれてこの感覚に慣れてきて、体重を感じられなくなると、意識下では、自分の存在が実感できなくなるのです。なんとなく心もとないような、心細いような気持ちに陥ります。

そこで、無意識のうちに自分の腕や顔や髪などにふれるのです。すると、指先に自分の肌や髪を感じられ、たしかに自分がここにいることを確認できて、安心します。


この自己親密行動を、イギリスの動物学者、デズモンド・モリスは幼児体験と関連づけて解釈しています。

驚いたり、怖かったりすると、幼い子どもは親のところへとんでいきます。親が抱きしめたり、髪をなでたり、手を握ったりすることで、子どもは安心します。このような幼い頃の行動に起源をもつ「模擬行為」として、人は自己親密行動をとるというのです。

自己親密行動における心の作用を利用して、冒頭のボールペンだけでなく、さわり心地のよいハンカチ・タオルなど、**自分のお気に入りのものを何か1つ、机に置いておきましょう。**

仕事に行き詰まって焦っていたり、不安になったときなどにさわれば、一瞬で心が落ち着き、集中モードに入れるはずです。もちろん、単純に腕を組んでも構いません。

はじめのうちは、「これをさわれば落ち着く」と、自己暗示をかけるのもいいかもしれません。

落ち着けたと感じられれば、それが成功体験となります。**不安に駆られるたびに、「ものにふれて落ち着く」ということをくりかえせば、条件づけができ、ふれれば気持ちが落ち着くという状態にもなるでしょう。**

自己親密行動を利用して、たとえば、ボールペンをさわれば落ち着くという条件づけをすれば、いつでもどこでも集中モードに入れるようになります。

色と照明の心理作用を120%使いこなす技術

目から入る「色」という刺激は、私たちの感情や心理にさまざまな影響を与えます。

色の心理的作用を利用すれば、集中力を高める効果も期待できるのです。

とくに注目したいのが、たがいに対照的な作用を心にもたらす暖色系の赤と、寒色系の青です。

赤は情熱的な色。見る人に強いエネルギーをもたらすことで、気持ちを奮い立たせ、高揚させ、鼓舞してくれる効果があります。

逆に、海や空の青を見ると興奮とは無縁の、さわやかな気分になることからもわかるように、**青には荒ぶる心を落ち着かせ、心を冷静沈着な状態に保つ作用**があります。

ということは、うつっぽくて、なんだか元気が出ないというときには、赤い色のものをそばに置けば、赤が発する強烈なエネルギーを浴びることで、やる気がわいてくるはずです。反対に、心が妙にざわついたり、舞い上がったりして、気持ちが落ち着かないときには、青い色の力を借りて、心をクールダウンさせるとよいでしょう。

自分の部屋であれば、机や壁などの色を変えることもできますが、職場や学校の机や壁などの色は変えることはできません。

しかし、「小物」を利用すれば、色を味方につけて、集中力を高める助けにすることもできます。

たとえばマウスパッドは、色展開が豊富です。赤と青はもちろん、それ以外にも、青よりは暖色寄りの緑や、赤よりも落ち着いたオレンジ色など、いくつかそろえておけば、その日の気分や心の状態によって使い分けられます。

ちなみに、**緑には心や体の疲れをいやす効果、緊張を緩和してリラックスさせる効果**があり、**オレンジにはエネルギーと解放感を与える効果**があるといわれています。

ボールペンやフェルトペンなども、青い色を使えば、心を落ち着かせ、集中できますし、逆に気分が沈んでいるときに、企画書の下書きなどを赤い色で書けば、自分の気持ちに「活」を入れられます。ほかにも付箋紙の色なども変えられますね。

机に飾る写真は自分のテリトリーづくりの小道具の1つです。このテリトリーの小道具に、全体の色調が青いもの、たとえば海や空の写った風景写真などを選べば、平常心を保ちやすくなるはずです。

旅先や庭先などで撮った写真をパソコンの壁紙にするのもよいでしょう。パソコンを開くと、野山の緑や海のブルーが目に入り、気持ちが落ち着いてきます。同時に、旅の思い出もよみがえり、それを「集中して仕事を終わらせれば、また旅行に出かけられる」という「ご褒美」にもできます。

色と同様に、照明も工夫することで、集中力を高める小道具になりえます。**おすすめは、ピンポイントで光があたるスポットライトです。**

もちろん、机の上に置ける小さなサイズで構いません。「ここぞ」というときには、そのライトを使い、取り掛かっている仕事の書類や、参考書などを照らすのです。そなえつけの照明によって机全体が明るかったとしても、「集中したいものがある手元」

にスポットライトをあてれば、相対的に手元以外は暗くなります。

書類などの仕事の対象物にスポットライトがあてられると、ほかの部分は視界から後退して、仕事や勉強にのみ集中できるのです。

舞台などでも、1人の俳優にスポットライトがあてられたとき、その俳優だけを集中して見るでしょう。それと同じ効果が作業時にも得られるのです。

集中状態をつくり出す4つの香り

集中力を引き出すために、効果的に使いたいのが「嗅覚」です。効果は、感覚系の中でもっとも高いかもしれません。それというのも、嗅覚は視覚や聴覚、味覚や触覚とは違って、鼻でかいだにおいの情報の一部が直接、大脳辺縁系《へんえんけい》へ送り込まれるからです。

大脳辺縁系は本能や情動、意欲といった、生き延びるための活動に関与している部位。**この大脳辺縁系へ直接、情報を送れるぶん、においは情動や、喜怒哀楽といった感情により強く作用すると考えられるのです。**

情動や感情に働きかけて、集中を高められると考えられる4つの香りについて紹介しましょう。

① **グレープフルーツ**
果物でおなじみのグレープフルーツ。その甘酸っぱい香りは不安や悩み、緊張をやわらげ、心を軽やかにして幸福感をもたらし、ポジティブ思考へと向かわせます。ポジティブ思考は集中力を引き出すために、欠かせない思考です。

② **ペパーミント**
歯みがきペーストでもおなじみのさわやかな香り。覚醒作用があり、眠気覚ましにも使われます。気持ちをリフレッシュさせ、やる気を起こします。

③ **レモングラス**
トムヤムクンなどのエスニック料理にも使われるイネ科の植物。レモンに似たフレッシュな香りが心のモヤモヤを一掃し、前向きで積極的な気持ちを起こします。

④ **ローズマリー**
ヨーロッパで古くから使われてきたハーブ。スーッとした刺激のある香りは、神経に働きかけて記憶力や集中力を高め、やる気と自信を取り戻させます。

ペパーミントのガムなら、口に入れて噛むだけで簡単に香りの効果が得られます。

また、香りであれば、エッセンシャルオイルやコロンのスプレー、練り香水などいろいろなかたちで楽しむことができます。

洋服や体の一部につけてもいいし、全身から香ってくるのが気になるなら、エッセンシャルオイルの小ビンをもち歩くのも方法。

集中モードに入りたいときや、集中力が途切れそうになったときなどに、香りをかぐのです。ビンの口のそばで、手であおぐようにして、鼻へ香りを送り込みます。


さらに、**においは記憶と結びつくのも特徴です。**

街を歩いている女性の香水のにおいをかいだ瞬間に、昔の彼女を思い出した経験のある方もいるかもしれません。これは、嗅覚の情報が大脳辺縁系にある海馬という記憶を司る部分にも直接送り込まれるためです。

情報が過去の記憶を呼び覚まします。


この嗅覚の特性を生かせば、条件づけを強化できます。

たとえば、毎朝、コーヒーを飲んでから仕事に取り掛かるということを習慣化している人であれば、コーヒーを飲むことが仕事モードに切り替わることへの条件づけになりますが、そこに「コーヒーの香り」という要素も加わることで、過去に集中した場面が意識下でよみがえり、その記憶によって、さらにスムーズに集中モードに入れるようになるのです。

第4章

部下やチームの能力がグッと高まる！

まわりの集中力を一瞬で引き出す「心の操り方」

まわりの人の集中力まで高められれば、仕事は一気にはかどる

これまで、集中できない原因とその解決法を皮切りに、集中力を引き出すための「心の使い方」や、環境の整え方などについて、心理学的メソッドを駆使した数多くのテクニックをご紹介してきました。

ここまで読んでいただいて、集中力はだれにでもあること、そして、眠っている潜在的な集中力を引き出す方法を知れば、だれでも集中力を発揮できることを、理解していただけたことでしょう。

第3章までが、自分自身の集中力を高めるためだけのテクニックの紹介だったのに対し、**第4章では仕事の場面で、同僚や部下、上司など周囲の人たちとコミュニケーションを図りながら、周囲の人の集中力を引き出す方法をお伝えします。**

私たちはいうまでもなく、たった1人で仕事をしているわけではありません。同僚がいる、上司も、部下もいる中で、彼らとさまざまに関わりながら仕事をこなしています。ですから、当然、自分1人だけが集中できても、ほかの人たちが集中できていない状況では、仕事は思うようにはかどりません。

仕事をスムーズに運びたいなら、まわりの人たちも巻き込んで、みんなの集中力を高める必要があります。難しそうに聞こえるかもしれませんが、だれにでも可能なテクニックばかりです。

人間の心理というものを知ったうえで、言葉の使い方を少し変えたり、資料の読み方をちょっと変えたり……。そのような小さなことに気を配り、心をくだくだけで周囲の人たちの集中力は瞬時に上げられます。

また、他者との関わり方を少し変えれば、自分の集中力を上げることもできます。

まわりも自分も集中モードに入れるコミュニケーション術をさっそく見ていきましょう。

気の合う同僚を意識するだけで、「集中の連鎖」に入れる

気の合う同僚がいれば、会社での休み時間などもリラックスして過ごせ、楽しいものになります。気の合う同僚の存在は、単純に心をなごませてくれるだけでなく、集中力を高める刺激剤ともなりえるのです。

気の合う同僚がいるだけで、おたがいに「集中の連鎖」とでもいうべき現象が起き、自分もその同僚も、集中力を高め合いつつ、仕事に打ち込むことができます。

この場合、隣同士の席なら理想的ですが、たがいに目に入るところで仕事をしているだけでも、このような集中の連鎖は生まれます。

1つには、おたがいの気配をつねに感じることで、安心感が得られるためでしょう。どこかソワソワしているときでも、相手の息遣いや姿に心がなごんで、落ち着いて仕事に向かえるのです。

さらに、少々飽きてきたときなども、一生懸命仕事をしている同僚の姿がチラチラと目の端に入ってくるだけで刺激となり、励みともなります。

このような一見ささいなことでも、モチベーションは高まり、集中力を保つ大きな効果につながるのです。

気の合う同僚がいるのなら、その存在をいつもより少しだけ意識するようにしましょう。2人の集中力がともに上がり、その連鎖によって、ときに相乗効果さえ生まれるでしょう。

気の合う同僚がいないという場合でも、尊敬する上司、仲のよい後輩、気になる異性など、自分が少しでも好意をもっている相手であれば、同じような効果は望めます。

これに似た現象は、喫茶店などで勉強をしている学生たちにも見られます。ほかの学生が近くで頑張って勉強していると、「おれも頑張ろう」と、やる気がわいてきて集中力が高まりますし、集中力が途切れかかったときも、そばで頑張っている仲間がいると、もうひと頑張りしようという気にもなれます。ここでも、集中の連鎖が起きているわけです。

同僚同士や、あるいは喫茶店で勉強をする学生たちの、このような集中の連鎖の現象は、「コ・ワーク（CO・WORK）効果」の1つといえるでしょう。

複数の者たちが1か所に集まって、同じ仕事をするスタイルが「コ・ワーク」。そのことによって作業効率がアップする現象がコ・ワーク効果です。

コ・ワーク効果は一般的には、単純作業において、より発揮されます。

イギリスのある羊毛工場での実験では、女性たちが同じ場所に集まって作業をしたときのほうが、1人だけのときよりも生産効率が上がるという結果が出ています。大勢でワイワイガヤガヤやれば、楽しく進められます。また、そばで仕事をしている仲間の姿につられてやる気が出るのは、先ほどの気の合う同僚や喫茶店で勉強中の学生たちと同様です。

ある実験では、イヌにしろ、ニワトリにしろ、1匹、あるいは1羽よりも、仲間たちと一緒にいるときのほうが、つられてエサをたくさん食べるという結果も出ています。まわりにつられる点では、イヌやニワトリと人間も同じなのですね。

会議の質を格段に上げる「先取りタイマー術」

打ち合わせや話し合いで、世間話や噂話などを始めてしまう人がいるものです。

キリのよいところで区切って話し合いに入れれば、ムダ話もコミュニケーションの潤滑油やアイデアのネタになるのですが、ただ、脇道にそれてダラダラと話すだけでは、ほかの人たちの集中力まで低下させてしまい、打ち合わせや話し合いの時間を無意味に長引かせることとなります。

とはいえ、たとえ相手が同僚であっても、「ムダ話はそのくらいにして、本題に入りましょう」と言うのではカドが立ちますし、他人から注意されると、それが正しいとわかっていても、むしろ正しいからこそ、反発を感じるのも人間の心理といえます。

そこで、おすすめはタイマーをセットして打ち合わせに「時間制限」をもうける方

法です。

制限時間がくるとタイマーが鳴りだすと思えば、さすがのおしゃべりも、時間内に済ませなければならないという緊迫感から、ムダ話をする余裕はなくなり、さらに時間を浪費しないように、皆が真剣に話し合いに参加することは、ほぼ間違いないでしょう。

「集中すれば10分ほどで終わりそうだな」と思えれば、10分後にタイマーが鳴るようにセットしておきます。

そして、打ち合わせを始める前に、「10分もあれば、終わるよね」とほかの人たちの了解を得てから、スイッチを押すのです。

このとき、タイマーを使うのは、あくまでもこちら側の都合であることをはっきりと表明しておくのもポイント。

「ごめん、おれ、つい関係ないことをしゃべりだしたりするんで……」とか、「このあと、人と会わなきゃならない、遅れられないんだ」などと言えば、相手が気分を害することもありません。

タイマーは集中力を上げるための道具となるだけでなく、私たちに時間の大切さを教えてくれる、すてきな道具でもあります。

「時は金なり」という言葉がありますが、「金」とはこの場合、マネーではなく、ゴールドのような貴重なものという意味です。

すでに述べたように、**時間には時計の時間（物理的時間）と自分自身が実感した時間（心理的時間）の2種類があります。時計の時間の経過を認識することを「時間知覚」と呼びます。**

時間知覚としての1分間は短いけれど、たとえば、1分間あれば、400字程度の長さの、充実した内容の話をすることができます。あなたもぜひ一度、試してみてください。

「1分間で、こんなにたくさんのことを話せるんだ」と、1分間の心理的時間の長さに驚き、そして、1分間をムダ話に費やすことの愚かさと、集中することの大切さとを、今さらのように実感することができるはずです。

チーム全体の士気と集中力を高める〝We〟を使った話し方

打ち合わせや会議などでは、参加者の気持ちを1つにして、全員の集中力とやる気を引き出したいものです。そのためには、言葉の選び方、表現法について心を配ることも大切になります。

言っている内容は同じでも、その言い回しや表現しだいで全員が集中モードに入れることもあれば、逆に、なんとなくやる気が失せてしまうこともあります。

この2つを分けているのが、言葉の「近接度」の違いです。

言葉の近接度とは、話す側と聞く側との間の心理的な距離を指し、おたがいがどれだけ親密感や一体感を覚えられるか、その度合いを示しています。

参加者のやる気と集中力を引き出すためには、言葉の近接度をつねに念頭において、その度合いの高い表現を使うように心がけることです。

打ち合わせや会議で、そろそろ始めたいと参加者に伝えるのに、あなたならどのような言い方をするでしょう。「そろそろ始めないといけませんね」だとしたらNGです。「〇〇しないと」は、「～ねばならない」(must)という義務を含んでいます。義務感は、親密感や一体感、連帯感とは相入れない、近接度の低い表現です。

しかも、すでにふれたように、mustは気持ちを重くさせるネガティブな表現。

ここは、「そろそろ始めないといけないですね」ではなく、**「それでは始めましょうか」が正解。「～しましょう」の主語は、「私たちが～」です。この「We…」はいわゆる「われわれ意識」を強調したフレーズで、会議の参加者に連帯感や親密感を呼び起こして、「一緒に頑張ろう!」というやる気を引き出すのです。**

なお、「始めます」は「私が～」(I…)となり、「始めてください」は「あなたが～」(You…)という意味になり、ともに近接度が低くなり、「一緒に～やりましょう」の一体感が損われてしまいます。

近接度を高めるためには「未来形で語る」とさらに効果的です。

「そろそろ始めましょうか」と開始のあいさつをしたあとで、「今日は早めに終わらせたいと思います」「終わったら、ちょっとした懇親会をしましょうか」などの言葉をそえます。

参加者の心を終わったあとの未来の世界につなげることで、やる気と集中力をアップさせるのです。

でも、「早めに」だけでは口約束のレベルにすぎません。

だいたいのめどがついていたら「3時までに終わらせちゃいましょう」など具体的な時間で言ってみましょう。この時点で、ただの口約束が「契約の成立」となります。

時間を区切ることで集中力が上がることはもちろん、「契約の成立」によってこちらの本気度も伝わるのです。その結果、参加者の士気が上がり、集中力に満ちた話し合いがなされ、充実した打ち合わせになるでしょう。

皆が集中できるチームは「責任の分散」を防いでいる

何人かでチームを組んで1つの仕事にあたるメリットは、いうまでもなく、何人かで1つの仕事をすることで、完了するまでの時間を大幅に短縮できる点にあります。

理論上では、その時間は人数が多くなればなるほど短くなるはずです。

ところが、現実には、時間が短縮されるどころか、もっと時間がかかってしまうことさえあります。これは、なぜなのでしょうか。

何人かで一緒に作業をするとき、その人数が増えるほど、「社会的な手抜き」が見られるようになることがわかっています。

だれかほかの人がやってくれるだろうという気持ちが、人数が増えるにつれて強くなって、責任感がしだいに薄くなっていくのです。もちろん、この状態では、チーム全体の集中力も下がります。

このような場合起きているのは**「責任の分散」です。**この現象を「リンゲルマン効果」といい、提唱者であるフランスの心理学者、リンゲルマンにちなんで名づけられました。彼はリンゲルマン効果を、綱引きの実験によって以下のように明らかにしてみせました。

1人で綱引きをした場合の力の入れ方を100とします。綱引きを2人でおこなうと、1人あたりの力の入れ方が93%に減っていることがわかったのです。人数が増えるにつれて、さらにこの数字は減っていき、8人でやったときには、なんと半分以下の49%にまで減少したのです。

この実験によって、人数が増えるにしたがい、ほかのだれかがやってくれるだろうと思う人が増え、目の前の出来事に集中せずに手を抜く様子が、はっきりと見てとれます。

8人のチームの1人ひとりが集中して全力を出しきれば、8倍の速度で仕事が終わるところが、皆が集中せずに手を抜いてしまい、4倍弱のスピードにしかならないというのは、もったいない話です。

もしチームリーダーとして、チーム全体の集中力、士気、作業効率を上げたければ、責任の分散を防ぐことが最大の課題となるでしょう。

そのための方法としては2つ考えられます。

1つは、仕事の分担をこまかく決めて、各人に責任をもたせる方法です。

Aさんには○○、Bさんには××、Cさんには△△というように全員に、こまかく分けた仕事を割りあて、それぞれに責任をもたせます。

こうすると、○○、××、△△……の1つひとつの仕事という「綱」を、いわば1人で引っぱることになります。そのような状況では、責任の所在がはっきりするため、1人ひとりが全力を傾けて集中し、あてがわれた仕事をするようになるでしょう。

あとの1つが、「積み重ね型」です。Aさんがある決められたところまで終わらせたら、次にBさんがそれを引き継いで、その先の決められたところまでやり……というようにして、順々に仕事を進めていくのです。Aさんがサボって遅くなれば、Bさんはなかなか仕事が始められません。

このようなリレー式では、次の人が待っていると思うと、かなりのプレッシャーになるはずで、全員が高い集中力をもって与えられた仕事をこなすようになるでしょう。

出席者全員が会議に集中できる「秘密のしかけ」とは

もし会議の参加者全員が集中して議題に取り組めば、熱を帯びた活発な議論がなされ、さまざまなかたちで、めざましい成果が生まれることでしょう。ところが、緊張感がまるでないような会議も少なくありません。

そんなだらけた空気を一掃して、全員の気持ちを議題に向けさせ、集中させるにはリーダーは何をどうすればよいのでしょうか。

まず、ぜひともやっていただきたいのが、「全員に発言させる」ことです。

どの会議でもいっさい発言しないで、存在を消してしまっている人がいます。そういう人に「○○さんのご意見は？」と指名して、発言をうながすのです。1回でも声を出して発言すれば、自分の存在を知らせることになり、すると、おもしろいことに、2回めからはこのような消極的な人でも発言しやすくなるのです。

しかも、1回でも発言すれば、自分の発言に対する責任が生じますので、他の人たちの意見にも耳を傾け、懸命に考えることになり、集中力が高まってきます。

こうして、「匿名の存在」を1人ひとり、「名前のある存在」に変えていくにつれて、だらけた空気がただよっていた会議室も、心地よい緊張感に包まれ、活気に満ちた空間へと変わっていくことでしょう。

「席」も大切なポイントになります。会議にあまり熱意のないような人たちはたいてい、リーダーの視野に入りにくい隅の席を選んで座るものです。そのような人たちを、リーダーの正面の席にあえて座らせましょう。リーダーにつねに見られているのですから、集中しないわけにはいきません。

もし可能なら、リーダーから全員が見えるようなかたちのテーブルや、椅子の配置に変えてみるのもよいでしょう。

また、会議では資料がつきものです。参加者全員の集中力を高めるためには、この資料のつくり方や説明の仕方にも工夫が必要となります。

まず、資料には図や表を入れて、わかりやすくすること、そして、資料にはページを打ち、図や表のすべてにナンバーをふっておくことは基本中の基本です。

資料を読みあげるだけの説明は、最悪です。聞いているほうは、どこの部分を説明しているかわからないし、一本調子の読み方には退屈してしまいます。そうならないためには、「○ページの表××をごらんください」と、その都度言うのです。

わかりやすくなりますし、メリハリもつきます。

しかも、その効果はそれだけにとどまりません。**「相互作用の同調性」という、全員の集中力を一気に上げる現象が生まれます。**

つまり、「○ページの表××をごらんください」を合図に、全員が資料の同じ場所に目を落とし、ページをめくることになります。すると、**全員の動きがそろうために、心も1つになるのです。**これが相互作用の同調性。かたちから入って、心を整える方法のチームバージョンですね。息を合わせることで、全員の集中力が高まるのです。

会議ではあえてスライドを使わず、資料を配布する

最近の会議では、スライドとパワーポイントを使ってプレゼンテーションをすることも増えました。きれいですし、発表する者も「準備をして、しっかり発表している」という満足感」を味わえるでしょう。ところが実際には、**スライドとパワーポイントによるプレゼンは、会議の集中力を高めるという点ではあまり効果的とはいえません。**

集中して説明を聞いてもらうには、話を途切れさせる必要があります。途切れさせることで、アクセントが生まれ、このアクセントが、単調になりがちな流れを断ち切って、聞く者の脳に刺激を与え、集中力を高める役目をするのです。

アクセントがなければ、サラサラと流れる川のようになってしまいます。

スライドを使った説明は、ちょうどこのサラサラ流れる川のような状態です。はい、

次、はい、次……と、次々に同じようなスライドが現れては消え、現れては消えをくりかえすのみで、話は途切れることなく続き、したがってアクセントもそこには存在しません。つまり、脳は刺激されず、集中力も低下してくるのです。

そして、もう1つ重要なことがあります。

スライドを使い、資料が配布されない会議では、皆がいっせいに同じ動作をすることがありません。

前項でお話ししたとおり、**会議などで全員の集中力を生み出すには、皆の呼吸を合わせ、息を合わせることが重要です。**まさにこれが「意気投合」の状態ですが、動きをそろえることで、さきほどの相互作用の同調性が見られ、全員の心が1つになります。**しかし、スライドではいっせいにページをめくるわけでも、目を資料に落とすわけでもなく、なんとなくスライドを見るだけですから、相互作用の同調性が生まれません。**

スライドとパワポよりも昔ながらの紙の資料で「○ページを開いてください！」などとやるほうが、聞く人の集中力をより効果的に引き出すことができるのです。

どんな人にも集中して聞いてもらえるスピーチ術

１人が一方的に話す会議での発表やスピーチでは、聞く側の人間がなかなか集中モードに入れないことが多々あります。

そこで、ここでは「聞き手の集中力を高める話し方のコツ」をお伝えします。

まず、会議を始めるときには、開始の合図をしましょう。

グニュグニュといつ始まったのかわからないような入り方では、皆の集中力を上げようがありません。始めることを宣言して、まずは注意を自分に向けさせるのです。

それには、英語でいうところの、**「レイディース・アンド・ジェントルメン！」にあたる言葉を用意することです。**「では、始めます」と短く言うだけでもいいですし、ウイットの利いたジョークを言ってもよいでしょう。

会議の中で発言するときには、「皆さまから貴重なご意見をいただきましたが、私からもひとことつけ加えさせていただきます」とか、「ただ今のご意見についてですが〜」などのひとことで参加者の注目を集めます。

ようするに、これから話を始めることを明確にできればよいのです。

聞く者の心をつかみ、集中モードに引き込むには、「アンチクライマックス法」も有効です。

ふつうなら順を追って理論を積み重ねていき、最後に結論（クライマックス）にたどり着く話し方をとります。この順番をひっくり返して、最初に、いちばんおいしい結論をもってくるのが、アンチクライマックス法です。

いきなり結論を目の前に提示されると、とくに話を聞く気のない人たちの集中力を高めることができます。まず「ほおっ！」という驚きがあり、次に「なぜ、どうして？」という強い興味や関心をかき立て、集中を切らさずに最後まで聞いてもらえます。

このとき、低めで、大きめの声を意識すると、いっそう聞く者の心を引きつけるはずです。

集中できない部下がガラリと変わる「ピグマリオン効果」とは

すぐれたリーダーは部下の潜在的な集中力を引き出し、活用することに長《た》けています。集中力は作業を効率よくこなすために欠かせない力。部下たちの集中力を引き出し、結集することができれば、部署全体の業績は間違いなく伸びるでしょう。

そのためには、リーダーは部下たちの集中力を信じなければなりません。このことをはっきりと示しているのが、アメリカの教育心理学者、ロバート・ローゼンタールが提唱した「ピグマリオン効果」です。

ローゼンタールの実験では、小学校の低学年の児童たちに能力テストを受けさせて、成績のよかった上位2割の子どものリストを担任の教師に渡しました。

実際には、そのリストは成績に関係なく、適当に名前をピックアップしただけのものにもかかわらず、1学期がすぎると、そのリストにのっている2割の生徒たち全員の成績が上がっていたのです。

なぜなのでしょう。それは、教師がその子たちに能力があると信じていたからです。能力があると思うからこそ、授業中によくあてるとか、ちょっとしたアドバイスをするとか、ようするに、その子たちの能力をさらに伸ばそうとする行動をとっていたのです。

このように、**他者から（この場合は、教師から）期待をかけられると、その人間（児童）は、他者の期待どおりになるという現象を、ピグマリオン効果といいます。**

このピグマリオン効果の説にのっとれば、リーダーが部下の集中力を信じて、期待すれば、彼らはその期待どおりに集中力を発揮するようになるのです。

では、実際に部下を仕事に集中させるにはどうすればいいのでしょう。

「上司が自分の仕事ぶりに注目している」「上司が早く成果を出すことを期待している」などと部下に思わせる必要があります。そのためには、「うまくいっている？」とか「結果が楽しみだよ」などと期待する言葉で語りかけましょう。「早くやれ」とか「まだか！」は禁句です。

集中しているようには見えない部下でも、「あいつは、本当は集中力をもっている」と信じれば、「それを引き出してやろう」と、集中力を発揮すれば短時間で済むような仕事をわりふるなど、さまざまな工夫をリーダー側もおこなうようになるはずです。

このような行動が、部下の潜在的な集中力を引き出します。

部下の能力を信じることの効果はさらに、「自己成就予言効果」を引き出すことにもなります。

自己成就予言効果とは、「自分にはこれができるはずだ」と思ったり、あるいは、まわりから「あいつにはこれができる」と思われていると感じたりすることで、その期待どおりの結果が出るというものです。

つまり、**リーダーが「あいつはやりはじめたら、一気に集中できる男だ」と思えば、部下はそれをなんとなく感じて、その期待に応えたいと頑張り、仕事に集中するようになります。**そのとき、リーダーが実際にそのことを口に出して、はっきり言えば、自己成就予言効果はさらに早く現れるでしょう。

部下の集中力を最大限引き出せる上司は、この方法を使っていた！

仕事に身が入らない様子の部下を、「このままでは、左遷だ！」などと脅せば、部下は懸命に仕事をするかもしれません。

けれど、恐怖というネガティブな感情を引き起こす「罰」だけでは、部下に喜びや誇りをもたらすことはできないので、自分の仕事にやる気が起こらないばかりか、集中力も高まらないでしょう。

部下は信頼に足る上司を得たとき、安心して仕事に励めます。恐怖とは無縁の、自由闊達《かったつ》な雰囲気の中でのびのびと力を発揮しながら、自らの集中力とやる気を育てていけるのです。

部下の信頼を得るためには、部下の性格や心の内を把握した上で、それに即して行動することが重要なカギとなります。とはいっても、部下に心の内や性格をたずねても、簡単には答えないものです。そこで、**上司は日頃から部下の言動や様子を観察することで、その能力や考え方などを推測し、そして行動に移すことが肝心なのです。**

たとえば、部下が仕事に行き詰まっているようだったら、「こうすれば、うまくいくかもしれないよ」といったアドバイスをします。アドバイスが適切であれば、部下は立ちはだかっている壁を一気に打ち破れるでしょう。すると、部下の中にやる気がわいて集中力が高まり、なによりも、上司に対する信頼感が生まれます。

「あの口やかましい顧客の担当を、なぜ若手のおれがしなくちゃならないんだ!」といった不満がある部下がいるとします。部下のやる気がなく、集中力が出ないのは、その不満のためだと、上司はまず気づかなければなりません。

部下の不満に気づくことができたら、彼の自尊心をくすぐるような殺し文句で、やる気を起こしてもらうのです。そのときに使える言葉が、「この仕事はきみにしか頼めないんだ」のひと言です。そこに、「ほかのやつではあの顧客の言いなりになるしかないからな」などとつけ加えれば満点です。

万が一、実際にはこの殺し文句がウソであっても、先ほどのピグマリオン効果が発揮されます。このやっかいな仕事を任されたのも、自分の実力を見込んでのことと部下は思い、その誇らしさが仕事へのモチベーションにつながるのです。その結果、いやな仕事にも集中力をもって取り組んでくれるでしょう。

ほめることも、部下を集中モードに導き、モチベーションを高めるのにとても大切です。ほめられることで、外発的動機はもちろん、充実感や積極性といった内発的動機も生まれます。ただし、お世辞はいずれ見抜かれて効果が薄れてしまうので、部下の仕事を正しく評価した上で、本心からほめることが重要です。そして、正しく評価するには、上司もその仕事に精通している実力の持ち主でなければなりません。

その実力があってはじめて、「この部分が難しいのに、よくうまくやってくれた」といった、より具体的なポイントについて的確にほめることができます。「ああ、上司にわかってもらえたんだ!」という心からの喜びが、部下のやる気と集中力を引き出すのです。

「提案型発言」で話して、目上の人の士気と集中力を上げる

これまでは、部下のやる気と集中力を高めるために、上司はどのように行動したらよいのかについてお話ししてきましたが、最後に、それとは反対に、部下の立場で上司を集中モードにさせる方法について考えてみましょう。

会議や打ち合わせなどで集まっても、上司にやる気が感じられなくて、なかなか始める気配が見られないこともあるでしょう。でも、部下という立場上、上司に向かって下手なことはいえません。ここは、「遠謀深慮《えんぼうしんりょ》」をめぐらせて、慎重に事を運びたいものです。

遠謀深慮をめぐらせるというと、いかにも難しそうに聞こえるかもしれませんが、ようするに**上司の心理をあれこれ読んで、慎重に言葉を選ぶようにするのです。**

上司に対して避けなければならない言い方に、「指令・命令型発言」があります。

指令し、命令する言い方のことで、そのつもりはなくても、つい口をついて出てしまうこともあるので要注意です。たとえば、「早く始めましょうよ」といった表現がこれにあたります。

この言い方は、「早くやらなければダメですよ」と、非難がましく聞こえ、まさしく上司に向かって指令し、命令していることになります。

中には、部下のその程度の言葉は気にもかけない大らかで、太っ腹な上司もいるかもしれませんが、それはほんの一握りでしょう。大半が「決めるのは、リーダーのおれだ」と考えているはずです。

そのような上司に向かって、「早く始めましょうよ」と言えば、「部下のくせに生意気な！」と思われてしまうかもしれません。

では、どのような表現ならよいのでしょう。**「私は○○をしたいと思っています」などと、自分はこうする、こうしたいといった「意思表示」となる表現で伝えるのが1つの方法です。「（私は）そろそろ始めたいと思っているのですが……」は、これに**

あたります。

主語は「私」ですから、「私」だけで完結して、上司を巻き込むことはなく、したがって、上司に意見していることにはなりません。

上司がいつまでも雑談している場合などには、シンプルに「そろそろ、始めます」と言えばよいのです。「始めましょうよ」とは異なり、上司への非難がましいトーンはいっさい感じられず、上司も気持ちよく仕事モードに切り替えることができるでしょう。

もう1つが「提案型発言」です。文字どおり提案するかたちをとり、たとえば、「始めましょうか」と提案するのです。

この場合の主語は「私たち」。先ほどの「われわれ意識」を強調したフレーズでもあります。**上司や、上司以外の参加者たち全員の一体感や連帯感を呼びさまし、「一緒に頑張ろう」というやる気を引き出すのです。**

「始めましょうよ」を「始めましょうか」と、「よ」を「か」に変えるだけで、指令・命令型が提案型に見事に変身！　上司の士気と集中力をこっそり上げられます。

おわりに

心理学を使って「集中力を一瞬で引き出す」コツをつかめましたでしょうか。

集中力が高ければ、仕事の効率が上がるのはもちろん、初めて会った人の名前やそのときの話の内容などを瞬時に記憶することもできます。次に会ったとき、相手の名前を呼んで近況を聞いたりすれば、親密度が一気に高まります。これも交渉を有利に進めたり、彼（彼女）のハートをわしづかみにしたりする集中力の威力です。

最後に、集中力がついた人のために、集中力があるから生まれる思わぬ落とし穴をお知らせします。身近に、次のような人はいないでしょうか。「人の振り見て我が振り直せ」と言いますが、集中しているときの自分の言動にご注意ください。

① 集中力のある人は「うっかり忘れ」で損をする

仕事や読書などに集中していると、打ち合わせの時間を忘れたり、調理中のお鍋を焦げつかせたりします。コーヒーを入れておいたのに飲み忘れて冷たくなっていたり、味が悪くなったりすることもあります。集中力がついて「うっかり忘れ」が増えると思わぬ損をします。タイマーをこまめに使って、時間をコントロールしましょう。

②　集中している人は迷惑なクセで、まわりを不快にする

電車の中で、読書やスマホに集中している人の中には、爪を噛んだり、鼻をほじくったり、貧乏ゆすりをしている人がいます。会社でも仕事に集中している人が同じような迷惑なクセをしているかもしれません。同僚の咳払いが聞こえたり、視線を感じたりしたら、はた迷惑なクセをしていることの警告です。「百年の恋も冷めてしまう」ので、一定の時間で一休みするクセをつけましょう。

③　集中できる人は仕事が増える

「急ぎの用事は忙しい人に頼みなさい」と学生時代の恩師に言われたことがあります。忙しい人は集中力があるので日頃から多種多様な盛り沢山の仕事をこなしています。予定外の仕事が入っても、時間をやりくりし、集中力で乗り切ることができるのです。

仕事が早い人は、周囲の人には「余裕がある」と見えるのかもしれません。急ぎの仕事を頼まれることが増えたら、「できる社員」と評価されている証ですが、余分な仕事に振り回されて自分を見失うことになりかねません。自分の心身を労わるためにも、NOを言う口実を用意しておくとよいでしょう。

青春新書
PLAYBOOKS

人生を自由自在に活動《プレイ》する

人生の活動源として

いま要求される新しい気運は、最も現実的な生々しい時代に吐息する大衆の活力と活動源である。

文明はすべてを合理化し、自主的精神はますます衰退に瀕し、自由は奪われようとしている今日、プレイブックスに課せられた役割と必要は広く新鮮な願いとなろう。

いわゆる知識人にもとめる書物は数多く窺うまでもない。

本刊行は、在来の観念類型を打破し、謂わば現代生活の機能に即する潤滑油として、逞しい生命を吹込もうとするものである。

われわれの現状は、埃りと騒音に紛れ、雑踏に苛まれ、あくせく追われる仕事に、日々の不安は健全な精神生活を妨げる圧迫感となり、まさに現実はストレス症状を呈している。

プレイブックスは、それらすべてのうっ積を吹きとばし、自由闊達な活動力を培養し、勇気と自信を生みだす最も楽しいシリーズたらんことを、われわれは鋭意貫かんとするものである。

―創始者のことば―　小澤和一

著者紹介

渋谷昌三〈しぶや しょうぞう〉

1946年神奈川県生まれ。

目白大学大学院心理学研究科・社会学部教授。

学習院大学卒業。東京都立大学大学院博士課程修了。心理学専攻。文学博士。

山梨医科大学(現山梨大学医学部)教授を経て、現職。非言語コミュニケーションをベースにした「空間行動学」という分野を開拓する。

現代心理学に即した正確でわかりやすい解説に定評がある。

『人の2倍ほめる本』(新講社)など著書多数。

「集中力《しゅうちゅうりょく》」を一瞬《いっしゅん》で引《ひ》き出《だ》す心理学《しんりがく》

青春新書 PLAYBOOKS

2016年11月10日　第1刷

著者　渋《しぶ》谷《や》昌《しょう》三《ぞう》

発行者　小澤源太郎

責任編集　株式会社プライム涌光

電話　編集部　03(3203)2850

発行所　東京都新宿区若松町12番1号 〒162-0056　株式会社青春出版社

電話　営業部　03(3207)1916　振替番号　00190-7-98602

印刷・図書印刷　製本・フォーネット社

ISBN978-4-413-21072-0